ブックレット〈書物をひらく〉22

時空を翔ける中将姫

説話の近世的変容

日沖敦子

平凡社

時空を翔ける中将姫——説話の近世的変容［目次］

はじめに——5

一　蓮がいざなう浄土——中将姫説話の世界——11

蓮糸の曼荼羅／中将姫説話とは／継子の姫君／広がる中将姫説話

韋提希夫人と中将姫／二つのひばり山／中将姫説話と演劇

中将姫説話と掛幅絵

二　つながる人々——説話画を読み解く——27

来迎図に込められた家族のドラマ／北出嘉兵衛のこと

斜めから？　正面から？／往生を願う人々／軸木はタイムカプセル

タイムカプセルの中身／名号の利益／檀信徒らの活動と集団の拡大

来迎図と共に語られた中将姫説話／袋中と絵屋竹坊

タイムカプセルからひもとかれる謎

三　中将姫を慕う人々——説話から伝承へ——50

国境のひばり山／五條市の仲山家／恋野の中将姫伝承

棚本家の中将姫真影／真影と当麻寺僧の旅／念仏院の名号
家の伝承と中将姫／紀伊の得生寺と中将姫／得生寺と雲雀山旧跡・伝承地群
『中将法如御一代画伝』の魅力

四 尼寺へ集う人々――説話から広がる信仰――72

宇陀の青蓮寺と中将姫／絵巻・絵伝のメッセージ／寛永七年の大火
青蓮寺と慶恩寺／青蓮寺の尼／青蓮寺と京都の貴顕／真影の由来
青蓮寺と奈良町の商人／奈良町の中将姫伝承と袋中／青蓮寺と徳融寺
青蓮寺の『中将姫御画伝』／宝暦十三年の青蓮寺再興
宝暦十四年の開帳と絵伝／弘化二年の開帳と絵伝の語り
語りのオリジナル／中将姫の千年忌

おわりに――113

あとがき――115

主要参考文献――118

掲載図版一覧――124

はじめに

私たちは、死後の世界を知らない。

生死の境を彷徨《さまよ》った人が甦《よみがえ》り、不思議な体験を語る蘇生譚は、一つの異界語りの常套《じょうとう》として説話や物語に多く見られるが、果たしてそれが真実であるか否かは、確かめようにも確かめられない。人々は死後の世界へさまざまな想いを馳《は》せ、時には来迎図▲に描かれた仏の手と自らの手を五色の糸▲で結んだ。またある時には、物語世界を一つのパフォーマンスとして再現し、浄土へ見送った親しき人を想い、また、やがて訪れる自らの死で往生を遂げることを願った。

見えない世界を見たい、知りたいと願う気持ちは、いつの時代も変わることのない心理として、私たちの中にある。お寺を訪れ、美しく煌《きら》びやかな極楽浄土の様子や恐ろしく悍《おぞ》ましい地獄の沙汰を描いた絵画を目の当たりにしたことのある人もいるだろう。絵画とはいえ、いつ見てもその細やかな描写には驚かされるし、思いもつかないような創造的な世界観に圧倒される。

しかしながら、私たちは心地よい温泉に浸《つ》かると、思わず「ああ、極楽極楽」などと呟《つぶや》いてしまうし、猛暑日には「地獄のような暑さだ」と思わずにはいられ

来迎図　臨終に際し、阿弥陀三尊が二十五菩薩と共に死者を迎えに来て極楽へ導く様を描いた図。

五色の糸　青・黄・赤・白・黒の五種類の色をした糸。念仏者が臨終の際に阿弥陀如来の手から自分の手にかけ渡した。この糸によって極楽浄土に導かれるとされた。

観想　特定の対象に向けて深く心を集中させ、迷いの心を取り除こうとする修行。

図1　当麻寺蔵「当麻曼荼羅」貞享3年（1686）、絹本著色、385.5×398.0㎝

ない。行ったことも見たこともない極楽や地獄は、なぜか私たちの日常に溶け込んでいる。

　現世で阿弥陀如来を念ずることによって、来世では極楽浄土に往生できるという教えを浄土教という。この浄土教の根本経典とされる『無量寿経《むりょうじゅきょう》』『阿弥陀《あみだ》経《きょう》』『観無量寿経《かんむりょうじゅきょう》』は、浄土三部経と呼ばれている。これらの経典には、極楽がどこにあって、どのような世界であるかが詳しく説明されている。

　経典に事細かに記された極楽の世界を、私たちはどのように身近に感じ、イメージしてきたのだろうか。人々が知りたくなる極楽についての素朴な疑問に答え、また、その信仰を深く理解させるため、阿弥陀如来の教えを語り広める伝道者たちは、極楽の世界を描いた絵画や阿弥陀如来の仏像彫刻を求め、人々に視覚的にわかりやすく実感させようとした。今なお私たちに死後の世界をイメージする力が備わっているのは、繰り返し伝えられてきた信仰の歴史が私たちの中に息づいているからだろう。

　浄土のありさまを言葉や観念だけでなく、ありのまま

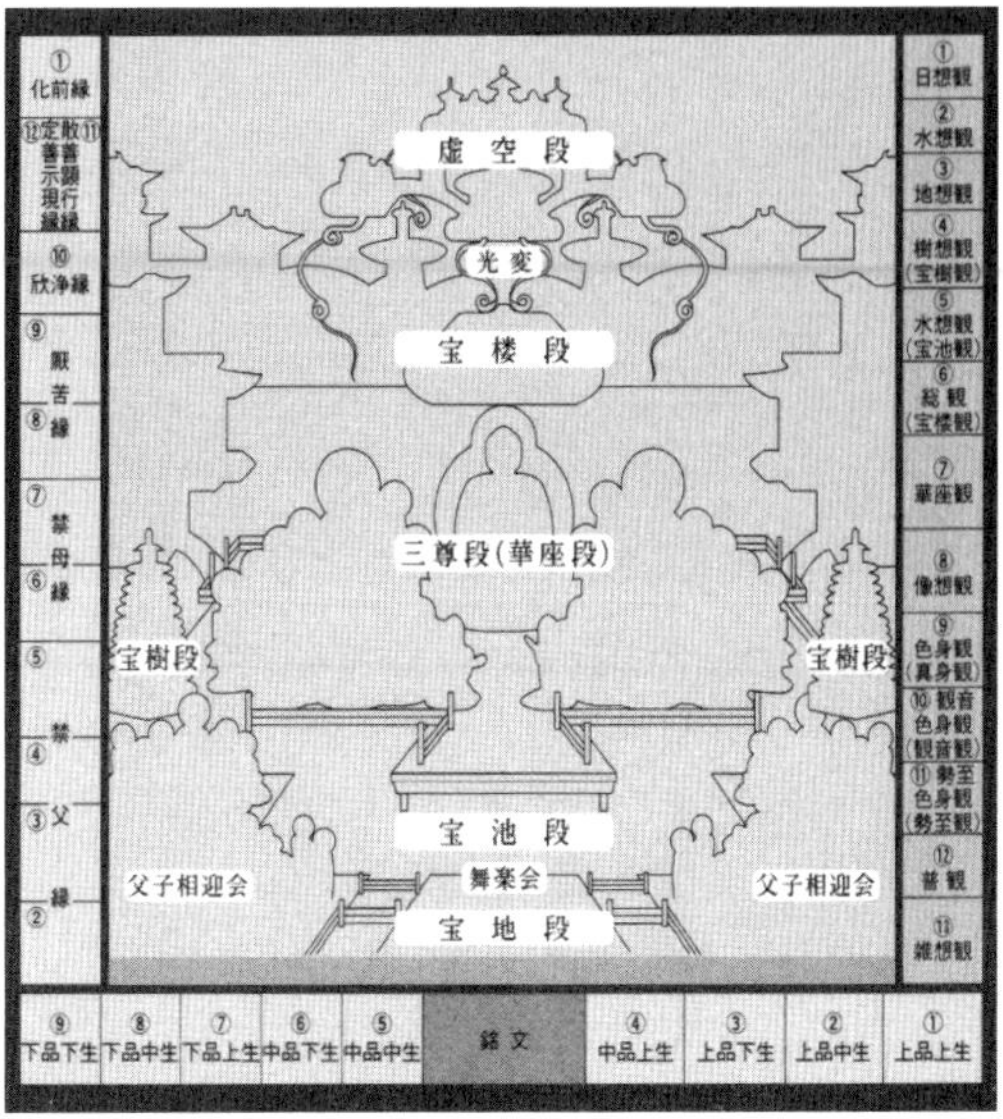

図2　当麻曼荼羅構成図

善導　六一三―六八一。中国浄土教の僧で、称名念仏を中心とする浄土思想を確立した。

綴織　文様織の一つ。緯《よこ》糸に二色以上の色糸を使い、模様部分だけ織り綴って模様を表した織物。

に自分の目で見てみたいという欲求に応《こた》えるため、極楽浄土の世界を絵画や彫刻、芸能によって表現したものを浄土変という。浄土変が盛んに描かれたのは、『観無量寿経』に説かれる観想▲の実践が勧められたことによる。その実践のために、『観無量寿経』の教えをわかりやすく絵画化した浄土変が制作され、人々は極楽浄土を描いた曼荼羅を見ながら、浄土の世界を正確に思い描く訓練をしたのだった。

日本でも八世紀の初め頃から阿弥陀如来像や浄土変の制作が本格的に始まったとされる。唐時代の中国で活躍した善導《ぜんどう》▲による浄土教の影響を受け、奈良時代後期に当《たい》麻《ま》曼荼羅《まんだら》が制作された。この曼荼羅は、縦横四メートルもある大きな一幅で、日本に伝来する最古の綴織《つづれおり》▲の観経変である。

当麻曼荼羅の中央には、壮大華麗な極楽浄土の世界が描き出されている。向かって左側には『観無量寿経』の序章にある、阿闍世《あじゃせ》太子に王位を奪われて幽閉された父頻婆娑羅《びんばしゃら》王とその悲劇を悲しむ母韋提希《いだいけ》夫人の前に釈迦が現れ、阿弥陀如来の住む極楽世界への往生を説くという物語が描かれている。向かって右側には、釈迦が韋提希夫人に説法した極楽浄土を正しく観想するための方法が十三段階にわけて説明されている。最初は、太陽や水など身近なものを思い描く訓練をし、最後には曼荼羅に描かれているような極楽浄土を隅々まで詳細に思い描くという。下段には、人々の信仰の在り方によって九通りの往生の仕方があることが説かれている（図1・2）。

このような観想法や往生の仕方を示した図様を添えて、極楽浄土の世界を中央に大きく描き出した当麻曼荼羅は、その後も繰り返し制作され、現在当麻寺（奈良県葛城《かつらぎ》市）には、奈良時代の当麻曼荼羅（根本曼荼羅）のほか、文亀《ぶんき》三年（一五〇三）の当麻曼荼羅（文亀曼荼羅）、貞享三年（一六八六）の当麻曼荼羅（貞享曼荼羅）が伝来している。また、当麻曼荼羅に対する信仰は鎌倉時代以降特に隆盛し、江戸時代に至るまで数多くの模本が制作された。今日、各地の寺院に当麻曼荼羅が伝来する事実は、その信仰の広がりを示している。

極楽浄土の世界を描き出した当麻曼荼羅への信仰を宣揚し、各地へ広がっていく過程で看過できないのが、当麻曼荼羅の制作を発願した中将姫《ちゅうじょうひめ》という信心深い女性の往生譚である。

まだ見ぬ死後の世界を想う人々にとって、いかにして往生するか、どうすれば往生できるかは大きな問題だった。女性は五障《ごしょう》ゆえに往生できないと説かれ、江

〈当麻曼荼羅の展開〉

根本曼荼羅（蓮糸曼荼羅）　中将姫の信心により、蓮糸で織り上げられたという伝承をもつ曼荼羅。

←

建保曼荼羅　建保年間（一二一三―一九）に根本曼荼羅朽損のため制作された曼荼羅、現存は確認できない。

←

文亀曼荼羅　建保曼荼羅朽損（焼失など諸説あり）のため、文亀三年に銘入、永正二年（一五〇五）に完成。

←

貞享曼荼羅　文亀曼荼羅朽損のため、貞享三年に銘入し、完成。

文亀曼荼羅　『後法興院記』文亀三年（一五〇三）七月十二日条、『実隆公記』同年七月十八日条、『忠富王記』同年七月二十日条などに、後柏原天皇の勅筆を賜ったことが記されている。『忠富王記』によれば、勅筆は二十二日に清涼殿で添えられたという。

戸時代には女性の罪業の深さを説く血盆経信仰《けつぼんきょうしんこう》▲まで広まっていく。そのような社会の中で、中将姫は女性の身でありながら往生した「わが国の女人往生のはじめ」と説かれた。中将姫の往生は人々の願いの極致であり、心の拠《よ》り所《どころ》だったのである。

　その中将姫の姿は、多くの人々の心を魅了しさまざまに表現されてきた。人々の浄土憧憬の想いは、当麻曼荼羅そのものへの信仰のみならず、当麻曼荼羅を発願した中将姫自身への信仰も強めていくことになった。特に十七世紀以降、中将姫信仰とも言うべき現象が広がっていく。物語や説話では、しばしば「中将姫の再来」「今中将姫」と称される女性が現れ、中将姫を身近な存在に重ね合わせていく姿勢がうかがえる。時に人々は中将姫に自らを重ね、浄土へ行くことを強く願ったのかもしれない。

　当麻曼荼羅と中将姫に関する研究はさまざまに深められてきたが、十七世紀以降の近世については紹介されていない史料も多く、課題が山積している。そこで本書では、主に十七世紀以降、人々が中将姫に対してどのような想いを抱いていたかを、残された絵画史料と伝承地に注目しながら考えてみたい。

　前者については、十七世紀に活躍した浄土宗の僧袋中《たいちゅう》が制作に関与した中将姫説話に関する絵画をきっかけにして、その制作をめぐるある家族のドラマを紹介

貞享曼荼羅　『基熙公記』貞享三年（一六八六）十二月二十七日条には、曼荼羅の縁起文の詞を基熙が清書したことが記されている。

五障　釈迦入滅後かなり後になって一部の宗派に取り入れられた考え方で、女性が持つとされる五つの障害をいう。女性は梵天王、帝釈天、魔王、転輪聖王、仏になることができないという説。

血盆経信仰　女性が女性特有の出血のために、死後血盆池（血の池）地獄へ堕ちることを説いた短文の仏教経典を拠り所とする信仰。

しよう。袋中の教えを踏まえて制作された絵画はこのほかにも複数あり、その教えは、絵画を通しても人々に広がったようだ。宗教者の教えが、説話を介してどのように人々の信仰を喚起し、広がっていったかについて考えたい。

後者については、室町時代以降、継子《ままこ》の姫君として語られてきた中将姫説話にとって重要な場所であるひばり山について追究したい。有力な檀家に支えられ安定をはかる寺院が多くある中で、人々の信仰心を喚起し、人々が求める霊場として守られてきた寺院がある。中将姫説話で言えば、中将姫が捨てられた地として伝えられるひばり山の青蓮寺《せいれんじ》や得生寺《とくしょうじ》は、ゆかりの霊場として人々の信仰の拠り所となってきた。

絵画を求め、制作し、その前に集い往生を願う人々、霊場を訪れ、中将姫を想う人々、そうした姿を追うことで、人々が何を願い、中将姫にどのような想いを抱いていたかについて見ていく。一二五〇年の時を経て伝存する当麻曼荼羅と共に語り継がれてきた中将姫について、近年の調べで明らかになってきたことを中心にお伝えしたい。

まずは中将姫説話とは何か、その世界を覗いてみることにしよう。

一▶蓮がいざなう浄土——中将姫説話の世界

大賀一郎　一八八三—一九六五。植物学者。東京大学検見川総合運動場内の落合遺跡で発掘された古代の蓮の実を発芽・開花させたことで知られ、その花は「大賀ハス」と名づけられた。当麻曼荼羅研究についても貴重な業績を残した。

図３　当麻寺境内

蓮糸の曼荼羅

奈良県葛城市の当麻寺（図３）には、蓮糸で織り上げられたと伝わる四メートル四方の巨大な「観経曼荼羅」（通称、当麻曼荼羅）がある。奈良時代の作品とされ、天平宝字七年（七六三）に制作されたと伝えられている。現在、当麻寺西南院（奈良国立博物館寄託）の所蔵で、根本曼荼羅（蓮糸曼荼羅）とも呼ばれている。この曼荼羅は、長い間、蓮糸で織り上げられていると考えられてきた。しかし、昭和二十六年（一九五一）に発表された大賀一郎▲氏の研究「当麻曼荼羅は綴織である」によって、当麻曼荼羅は蓮糸ではなく、絹糸で織り上げられたものであることが明らかになった。大賀氏の研究は、科学的な分析による貴重な成果である。しかし、当麻曼荼羅の持つ価値は、歴史的・科学的な事実とは別の、浄土の蓮で織り上げられた奇跡の曼荼羅と信じられてきたという信仰的事実にこそ認められる。

図4　慶安4年（1651）刊『中将姫の本地』中将姫往生の場面

中将姫説話とは

この根本曼荼羅に由来する説話として知られているのが中将姫説話である。一人の信心深い女性（中将姫）が曼荼羅を感得し、極楽往生を遂げたという霊験譚《れいげんたん》で、数多くの記録や説話集などに記されてきた（図4）。

当麻寺については、早くは平安時代末期に成立した古辞書である『色葉字類抄《いろはじるいしょう》』に記述が見られるが、そこには曼荼羅の由来は記されていない。建久三年（一一九二）成立の『建久御巡礼記』には「ヨコハギノ大納言」の娘、寛喜《かんぎ》三年（一二三一）以前成立の『当麻寺流記《るき》』（以下『流記』）には「横佩右大臣《よこはぎのうだいじん》尹統息女字中将《まさむねそくじょあざなちゅうじょう》」が曼荼羅を感得したことが書かれている。『流記』は、『建久御巡礼記』より内容がやや詳しくなっている。その後、文暦《ぶんりゃく》二年（一二三五）頃成立の護国寺本『諸寺縁起集』では、前半は『建久御巡礼記』などに拠り、後半は『流記』に拠りつつ、姫の往生までを記している。

十三世紀の文献では『流記』からの影響を受けたものが多く、仁和寺本『大和国当麻寺縁起』や『古今著聞集《ここんちょもんじゅう》』、『私聚百因縁集《しじゅうひゃくいんねんしゅう》』なども『流記』の受容がうかがえる。鎌倉光明寺蔵『当麻曼荼羅縁起』（二巻、以下光明寺本）も『流記』に

藤原豊成　七〇四―七六六。奈良時代の貴族。藤原武智麻呂の長男。官位は右大臣従一位。別名難波大臣、横佩大臣。

図5　鎌倉光明寺蔵国宝『当麻曼荼羅縁起』　中将姫往生の場面

基づき「よこはぎのおとゞの娘」の曼荼羅感得と往生がダイナミックに描き出されている（図5）。

鎌倉時代の中将姫説話では、曼荼羅の本願である姫は「中将局《つぼね》」「字《あざな》中将」「中将内侍《ないし》」などと呼ばれ、今日知られている「中将姫」という呼称はまだ見られない。姫は出家後「法如」（『当麻曼陀羅疏』）、また「善心比丘尼」、後に「法如」（『当曼白記』）、「せんに（善尼、禅尼）」（慶安四年（一六五一）版『中将姫の本地』）、広島大学文学部国文学研究室蔵奈良絵本『中しやうひめ』）等と呼ばれたというが、そのような法名などの呼称を記す例も鎌倉時代にはまだ見られない。

また、姫の父は「横佩右大臣尹統」と呼ばれ、弘長二年（一二六二）に証空の弟子証恵が著した禅林寺本『和州当麻寺極楽曼陀羅縁起』で初めて「藤原豊成▲」という歴史上の人物の名前が当てられている。

鎌倉時代の中将姫説話からは、曼荼羅の由来を説く縁起として、中将姫の原型ともいうべき一人の信心深い女性の往生譚が流布していたことは確認できるものの、姫の呼称はまだ固定していない。また後年「中将姫といえばひばり山」と称されるような、ひばり山に遺棄された継子の姫君（中将姫）の話としても広がっていなかったようである。

継子の姫君

鎌倉時代までは一人の女性が曼荼羅を感得し、往生したという話として流布していたものが、今日知られるような継子物に変容し、それが「中将姫」の説話として定着することになったのは室町時代のことだった。

永享八年（一四三六）に浄土宗鎮西義《ちんぜい》の僧である酉誉《ゆうよ》聖聡《しょうそう》によって『当麻曼陀羅疏《しょ》』（以下『疏』）がまとめられ、以後展開する中将姫説話の源泉となっていく。『疏』では、曼荼羅感得の説話に継子物の要素が加えられ、姫の発心《ほっしん》の経緯が物語られている。『疏』の中将姫説話は、聖聡が創作したのではなく、当時流布していた書物を参考に聖聡が妥当とした説を集めたものであるという。

現存はしないが、『疏』には、了恵の『五巻抄』や作者不明の『三巻伝』、『七巻抄』といった書名が見られる。こうした書物の存在は、十五世紀半ばには、談義の場で曼荼羅と中将姫に関する話がさまざまに取り上げられていたことをうかがわせる。諸書を引きながら、聖聡が『疏』をまとめた背景には、既に曼荼羅と中将姫に関する多様な話が飛び交っていたため、事の真偽を問い、整理するという目的もあったのかもしれない。

ここで、『疏』（巻七）に引かれている中将姫説話を簡潔にまとめておこう。

鎮西義　浄土宗の一流派。十三世紀に法然の弟子聖光房弁長を祖とする。念仏往生のほか、善行による諸行往生を認める。江戸時代以降、知恩院や増上寺を中心に強い勢力を持ち、現在の浄土宗の主流をなしている。

酉誉聖聡　一三六六—一四四〇。浄土宗鎮西義の第八祖。聖冏《しょうげい》が体系化した五重伝法を広め多くの弟子を育成した。

了恵　一二四三—一三三〇。良忠門下三条派祖。檀王法林寺の前身とされる浄土宗悟真寺の開山。多くの著作を残し、法然の思想を整理・統一すると共に、聖光・良忠という鎮西義が浄土宗の正統であると位置づけた。蓮華堂、望西楼とも称す。

談義　仏法の因果の道理を説くこと。またその話。法談。

横佩右大臣豊成《よこはぎのうだいじんとよなり》には子どもがなかったため、長谷寺《はせでら》の観音に願ったところ、夢のお告げがあって一子を授かる。

姫が三歳の時に弟君が誕生するが、姫七歳の時に実母が病死し、左大臣諸房の娘が継母となる。継母は姉弟を憎み、自ら武士に命じて葛城山の地獄谷に二人を捨てさせる。しかし姉弟は命をながらえ、やがて帝が二人を助けて宮中に迎え入れる。帝は姉を中将内侍に、弟を少将に任じた。姫は信心深く、亡母の菩提を祈りつつ『称讃浄土経』一千巻を書写するほどだった。

この一連の出来事を不快に思った継母は、実母の墓参りを口実に姫を宮中から連れ出し、再び紀州の雲雀山《ひばり》へ連行し武士に殺させようとする。しかし、姫は武士夫婦の情けによって助けられ、夫婦と共に山中で生活するようになる。その後、武士が亡くなり、姫と武士の妻は山へ狩りに来ていた父豊成に発見され、内裏へ迎えられる。

姫の弟の少将は十四歳で亡くなり、姫は世の無常を感じる。姫は出家への思いがいっそう募《つの》り、出家の前に『称讃浄土経』一千巻を書写し、当麻寺に入る。生身《しょうじん》の阿弥陀如来を拝みたいと願う姫のもとに尼が現れる。蓮糸を集めさせ、化女《けにょ》（観音の化身）がその蓮糸で浄土曼荼羅を織り上げた。尼は浄土の世界を描いたその曼荼羅を前に説法を行い、四句の偈《げ》を残して去ってい

長谷寺の観音　奈良県桜井市初瀬にある真言宗豊山派総本山長谷寺の本尊十一面観音像。本像は通常の十一面観音像と異なり、左手には通常の十一面観音像と同じく水瓶を持つが、右手に数珠と錫杖を持ち、方形の磐石の上に立つ姿となっている。この種の錫杖を持つ様式の十一面観音を長谷寺式十一面観音と呼んでいる。

『称讃浄土経』　称讃浄土仏摂受経の略称。永徽元年（六五〇）玄奘訳。鳩摩羅什《くまらじゅう》訳『阿弥陀経』の異訳。

偈　教理や仏・菩薩をほめたたえる詩。多くは四句からなる。

った。その十余年後、姫は宿願の通り往生を遂げた。

広がる中将姫説話

『疏』が伝えるこのような中将姫説話は、鎌倉時代の中将姫の話に比べ、物語としての形式が整っている。葛城山の地獄谷や紀州の雲雀山など具体的な地名が物語の舞台として織り込まれるほか、姫君が長谷寺の申し子▲として伝えられる。神仏に祈願して授かった幼い我が子との別れを思うと、実母の気持ちはいかばかりだったかと偲《しの》ばれる。またその後に語られるのは、二度も山中に遺棄されるという執拗な継子いじめであり、このような話の展開は、姫の悲劇性をいっそう高めていると言えよう。

『疏』の展開として、このほか注目されるのが、姫の弟の存在と、葛城山の地獄谷や紀州の雲雀山といった物語の舞台である。聖聡は、『疏』（巻八）の「不審抄」の中で、弟と共に葛城山の地獄谷に捨てられるという説について、了恵の『五巻抄』に拠るとしている。聖聡自身、当麻寺の僧にこの説を尋ねたところ、僧もその話を知らなかったようで、どうやら葛城山の地獄谷に捨てられたとする説は当麻寺以外の場所に伝わるものだったようだ。

了恵は「中古ノ賢哲、浄土の達士▲」（『疏』巻八）だったという。今日『五巻

申し子　神仏へ祈願して授かった子ども。高僧伝や英雄伝説、昔話に多い。良弁や文覚ら実在の高僧のほか、小栗判官や百合若大臣、さよひめなど中世の語り物の主人公の多くも申し子とされる。日本の古典文学に見られる基本的なモティーフの一つ。神仏から授かった特別な子として、凡俗とは異なる聖性を保証される。長谷寺観音に参詣して申し子を授かった話は、お伽草子では『中将姫』のほか、『鉢かづき』、『みしま』、『為人比丘尼』など数多く見られる。

達士　ある事柄や物事に熟練して深く通じている人。

本説　和歌や連歌、謡曲などの創作にあたって拠り所となった物語や漢詩・故事・俗諺などのこと。典拠。

謡曲『当麻』　世阿弥作。念仏の行者が熊野詣の帰りに当麻寺に参詣すると、老尼と若い女が来て、行者が尋ねるままに当麻寺について教え、当麻曼荼羅の由来についても語った。やがて、老尼は行者に、今日は彼岸の中日、法事のために来た自分たちは、曼荼羅を織り上げる際に姿を現

抄』は、曼荼羅談義に用いられていたテキストの一つで、浄土宗の僧として活躍していた了恵が編んだと考えられている、

聖聡はこのほかにも姫が三歳の時に母と死別し、十三歳の時にひばり山に捨てられるという話があることを紹介している。また、姫が遺棄されたひばり山の場所について、『疏』では紀伊国有田郡としながらも、大和国宇陀郡とする説があると伝えている。このようなひばり山の所在に関する諸説は、後世の中将姫説話・伝承に広く影響を与えていった。

『疏』が伝える継子物の中将姫説話は、やがて能の世界でも本説《ほんぜつ》▲として取り入れられ、謡曲『当麻《たえま》』▲や謡曲『雲雀山』▲が作られた。また説経▲としても享受されていき、広く流布することとなった。『疏』がまとめられて以降、当麻曼荼羅の由来を語る中将姫説話は、姫の一代記的な、受難と救済の物語として展開していくのである。一人の信心深い女性の奇跡的な物語は、談義・唱導の場から芸能の世界へと広がりを見せ、さらに人々の間に浸透していった。

韋提希夫人と中将姫

談義・唱導の場で、当麻曼荼羅と中将姫説話が共に語られていたことを顕著に伝えているのが、龍谷大学龍谷ミュージアム蔵「当麻曼荼羅」（一幅）である（図

した老尼であると告げ、紫雲に乗って天上へ上っていく。行者が拝もうとすると、中将姫の霊が姿を現し、仏を信仰して尊ぶようにと教え、舞を舞う。そして、後夜の勤行をするうちに夜は明け、僧の夢も醒める。

謡曲『雲雀山』　一説に世阿弥作。右大臣豊成は、讒言を信じて娘の中将姫を雲雀山の山中で殺せと命じた。しかし、命じられた武士は殺すことができず、乳母と二人で中将姫を山中に匿う。乳母は姫を養うため花を売りに里へ出かける。ある時、豊成が供を連れて雲雀山へ狩りにやってくる。そこへ姫を思うあまりに心乱れた乳母が花売りに現れ、豊成一行は花を買う。乳母は姫の境遇を語って舞を舞う。豊成はそれが姫の乳母であることに気がつき、後悔を述べる。乳母が豊成を山奥の庵へ案内し、豊成は姫との再会を喜び、都へ連れ帰る。

説経　説経唱導ともいう。仏教の教えや信仰を平易に解説したもの。また、僧侶が経典の意味を説いて聞かせることをいう。

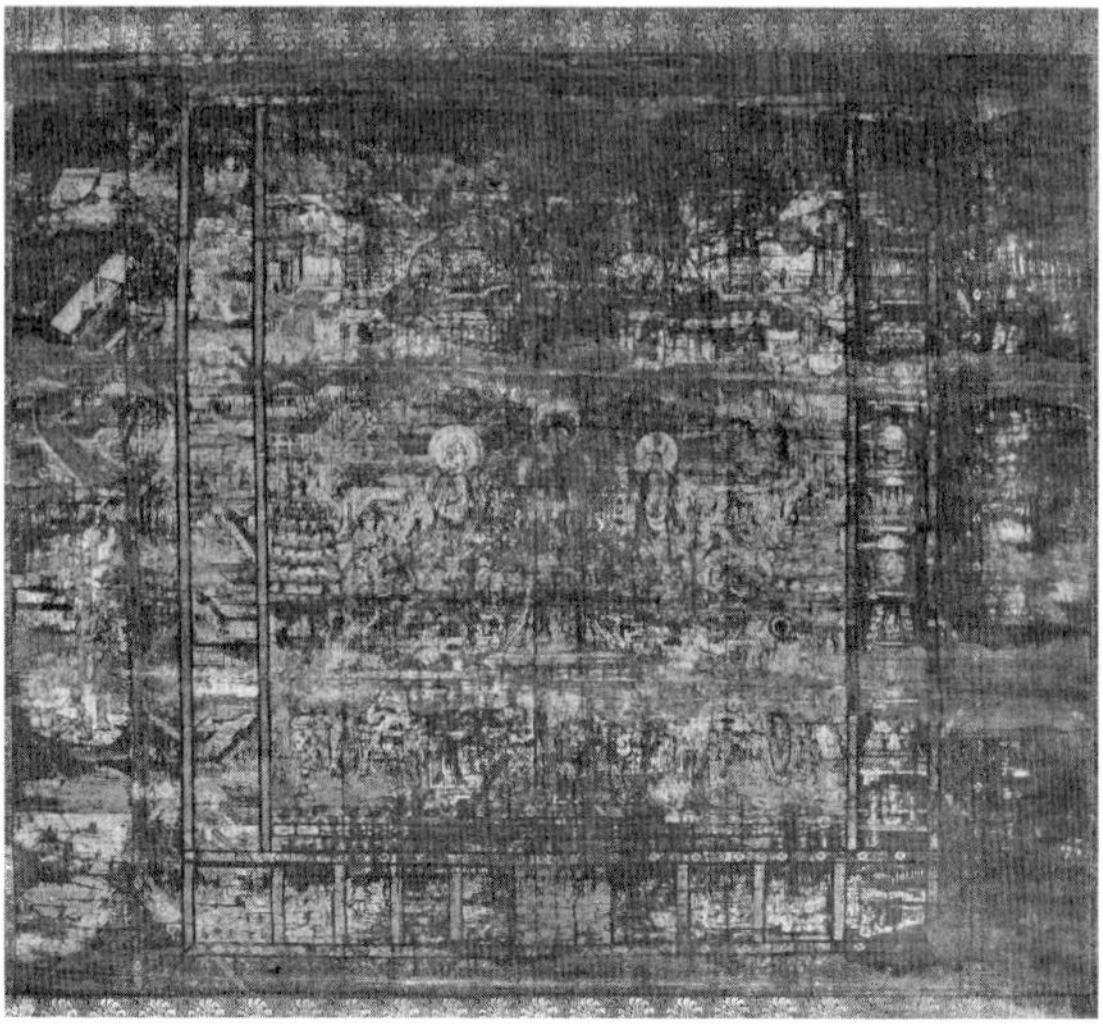

図6　龍谷大学龍谷ミュージアム蔵「当麻曼荼羅」絹本著色、130.0×152.0cm

図7　向かって左下の部分
上：曼荼羅を前に合掌する化尼、中将姫（法如）、化女
下：機織りをする化女

6・7）。箱書《はこがき》の年号から天文《てんぶん》二十四年（一五五五）以前の制作であることが明らかで、室町時代初期頃の制作と推定されている。

この曼荼羅は左右にいわゆる当麻寺縁起を添えた一幅で、左右の縁起絵には、姫が剃髪する場面や染井《そめい》で曼荼羅を織り上げるための糸を染める場面、化女（観音の化身）が機《はた》を織る場面、完成した曼荼羅を前に化尼《けに》（阿弥陀の化身）が絵解き

聖衆来迎　人の臨終の際に西方の極楽浄土から阿弥陀仏が諸菩薩と共に迎えに来ること。

をする場面、聖衆来迎《しょうじゅらいごう》▲の場面などが描かれている。まさに曼荼羅講説と縁起の唱導をセットにして簡便にするという発想に基づいて制作された一幅と言えよう。

釈迦の説法によって往生の方法を学び、現世の苦しみから逃れるという韋提希夫人の物語と、往生を願う姫のもとに阿弥陀と観音の化身が現れ、曼荼羅を織り上げ、説法し、往生が叶うという中将姫の物語は表裏一体であるとの指摘がある。韋提希夫人と中将姫を重ね合わせて説明する談義本の『当麻寺中将姫勧化辨述《かんげべんじゅつ》鈔《しょう》』なども紹介されており、二人の女性をつなぐ語りは、この曼荼羅の前においてもなされていたのかもしれない。

二つのひばり山

中将姫説話は、談義説法の場から能の世界にも本説として取り入れられ広く流布することとなった。その一方で、享禄四年（一五三一）には、当麻寺蔵『当麻寺縁起』（三巻、以下享禄本）が制作され、継子物の中将姫説話はお伽草子《とぎぞうし》の絵巻や奈良絵本《ならえほん》▲としても広がっていく。

室町時代末期には成立していたとされるお伽草子『朝顔の露』▲には、姫が吉野山に捨てられる場面で「二上か岳を伏し拝み、この中将姫の御古《いにしえ》も自らかごとく御継母に憎まれひばり山に捨てられ給ひしが、それは仏の方便にて阿弥陀如来

奈良絵本　室町時代後期から江戸時代中期にかけて制作された彩色絵入りの写本。お伽草子の代表的な本の形態。同時代の絵巻を含めていう場合もある。

お伽草子『朝顔の露』　継子物。母を亡くした朝顔の姫に継母は辛くあたる。姫の美しさに心を奪われた露の宮と姫は、やがて親しくなる。そのことを知った継母の讒言により、姫は吉野山の山中に遺棄される。事の次第を知った姫の乳母や露の宮は悲嘆に暮れ自害しようとするが、乳母の説得により姫を探す旅に出る。三年にわたる旅の末、露の宮は熊野権現の御前で参籠した折、姫が中将姫に見取られ吉野山で亡くなったという夢告を受ける。急いで駆けつけ、姫の廟の前で自害しようとするが果たせず、苦悶していたところ荊萱の道心坊に出会う。露の宮は道心坊に一部始終を話し、形見の守り刀を託して息を引き取る。道心坊から全てを聞いた帝は悲しみ、継母を遠方へ流す。その後、露の宮の一族は皆、宮の菩提を弔うため出家する。

図８　多久市郷土資料館蔵『中将姫』
上：武士は雲雀山で姫君を斬ることはできなかった
下：中将姫往生の場面

と顕れ給ふ」とあることが指摘されている。姫は自分の境遇を中将姫に重ねており、このことは中将姫説話が継子物として、広く認識されていたことを意味するといってよいだろう。

佐賀県の多久市郷土資料館が所蔵するお伽草子『中将姫』には、姫が捨てられたのは有田の雲雀山とあって、享禄本（第八段）に「紀州在田郡鶬山《ひばりやま》のふもと」とあるのに通じている（図８）。しかし先に述べたように、ひばり山の所在は伝本によって異なっており、比較的古態を有する江戸初期頃の山上嘉久氏蔵本（絵巻二巻）には「うだ《宇陀》のこほり《郡》のをく《奥》、ひばり《日張》山」とあり、大和国宇陀の日張山となっている。

『疏』以降の文献で、宇陀の日張山と伝える古い文献は、今のところ天文二十年（一五五一）七月に実悟兼俊▲が著した『当麻曼荼羅縁起』になるだろう（図９）。実悟が記した原本は所在不明だが、龍谷大学図書館禿氏《とくし》文庫《ぶんこ》蔵『当麻曼荼羅縁

実悟兼俊　一四九二―一五八三。浄土真宗の僧侶。本願寺第八世法主蓮如の十男。河内願得寺の住持。和歌にも通じた教養人として知られ、父蓮如の伝記や歌集、聖教類など多くの著作がある。

起』（写本一冊）は、天文二十年七月に実悟が著したものを寛文九年（一六六九）に了恵が書写した写本であることが奥書からわかる。

実悟は多くの書物を書き残しており、飛鳥井《あすかい》雅康《まさやす》▲の猶子《ゆうし》▲となり、和歌にも通じていた。近年の研究で、富山県黒部市の宮崎文庫記念館が所蔵する絵巻『敦盛』に「天文廿年七月廿二日　桑門兼俊」との奥書が見られることが判明し、『当麻曼茶羅縁起』の書写とあわせて、実悟の文芸活動の一端がより明らかになってきた。

飛鳥井雅康　一四三六—一五〇九。歌人、公卿。飛鳥井雅世の次男。家伝の歌学、蹴鞠を伝え、書道二楽流の祖となる。『新撰菟玖波集』に歌を収め、また著書に『歌道鈔』などがある。

猶子　兄弟・親類や他人の子と親子関係を結ぶ制度。

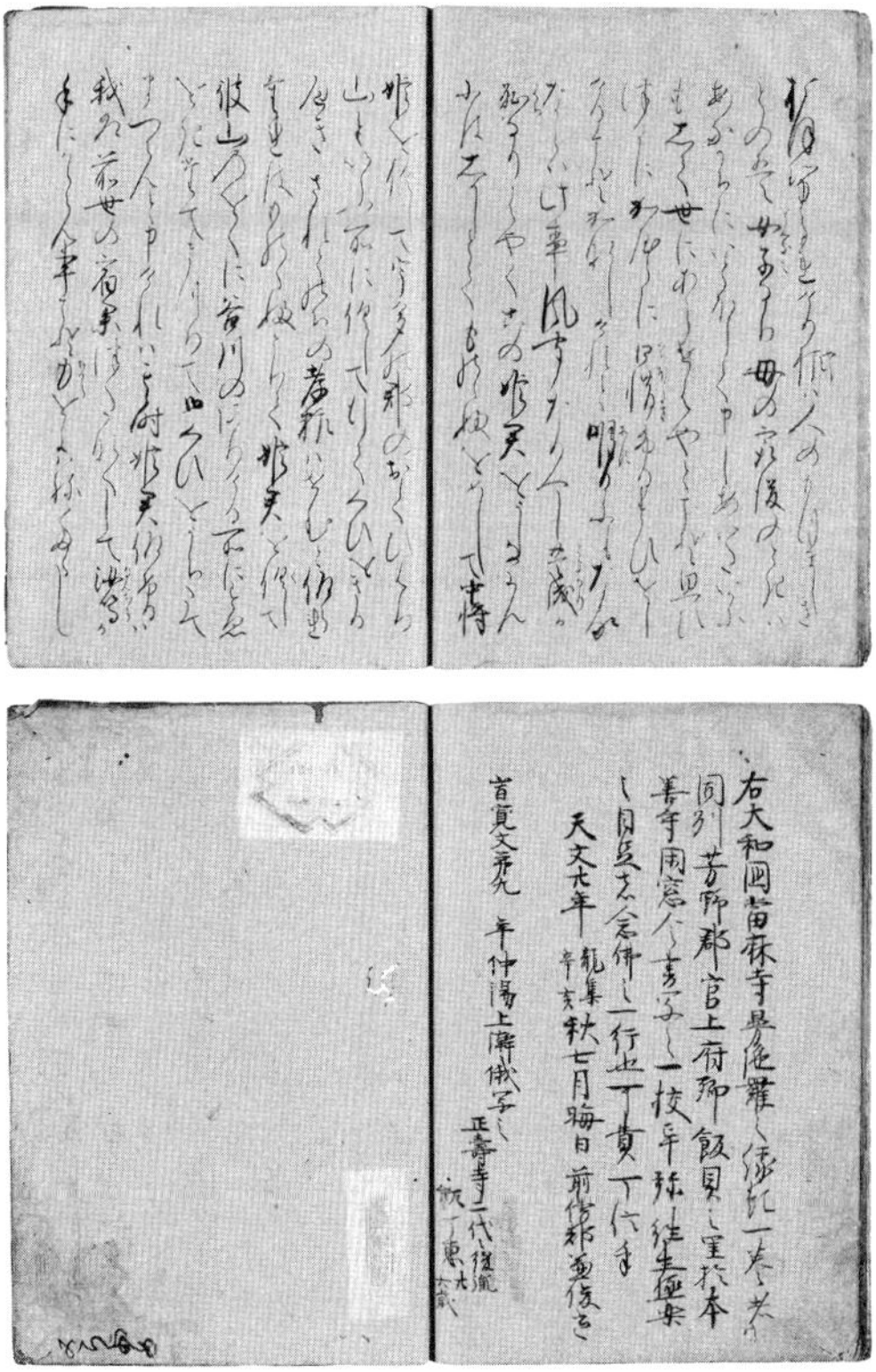

図9　龍谷大学大宮図書館禿氏文庫蔵『当麻曼茶羅縁起』

十六世紀半ば、曼茶羅をめぐる縁起は、やはり大和と紀伊のひばり山が併存するかたちで伝わっていたのである。先に挙げた多久市郷土資料館所蔵本や山上嘉久氏所蔵の絵巻が所在の異なるひばり山を指すのも、こうした状況によるものと考えてよいだろう。

中将姫説話と演劇

享禄本に見られる継子物の展開は、鎌倉時代の絵巻である光明寺本には見られ

図10　浄瑠璃『鶊山姫捨松』第五段

ないものだった。江戸時代以降も、中将姫説話は絵巻や奈良絵本、版本などの形態で盛んに享受される一方、江戸時代の社会現象を映し出したお家騒動や儒教的な道徳観に基づく忠節、その証としての身代わりのモチーフ、勧善懲悪の思想が加わって、当世風の要素を多分に含んだ浄瑠璃や歌舞伎の題材としても流行していく。

近松門左衛門作の浄瑠璃『当麻中将姫』は元禄九年（一六九六）四月に大坂の竹本《たけもと》座で初演され、その改作と考えられている並木《なみき》宗輔《そうすけ》作の浄瑠璃『鶊山姫捨松《ひばりやまひめすてまつ》』は、元文五年（一七四〇）二月に大坂の豊竹座で初演されている。後者は岩根御前の策略に翻弄されて自害した夫林平の復讐を果たすべく、妻更科《さらしな》が岩根御前から仏像を取り返して、刺し殺すというお家騒動物で、継母である岩根御前の非業の死を知った姫は菩提を弔うべく出家し、曼荼羅を織り上げるという筋書きである。挿絵を見ると、継母の執念を表すかのように、悪事を企てた玄昉《げんぼう》によって操られた小蛇が機を織る尼（姫）の喉元に食らいつかんと様子をうかがっている（図10）。

浄瑠璃『鶊山姫捨松』は、継母が姫を雪の中で責めつける第三段の雪責めの場がとりわけ有名となり、その後、その部分だけを取り上げた浄瑠璃『中将姫古跡

中将姫の再来　『好色五人女』巻一では、おなつが「中将姫のさいらい」とされ、『懐硯《ふところすずり》』巻五では信

心深く紬縞を早く織る娘が「今中将姫」と称されている。信心深い女性や機を織る女性が中将姫と重ねられ受け入れられていく最も早い例は、天正年間（一五七三―九二）に成立した『月庵酔醒記《げつあんすいせいき》』「大和ノ当麻ノ新曼荼羅之事」に登場する「まんだらの尼」と思われる。この説話は、文亀曼荼羅制作に際して活躍した本願比丘尼覚円がそのモデルと考えられるが、後に同様の説話で、尼は「中将尼の再誕」（『肥後国誌』）と表現された。江戸時代前期に喜捨された毛髪で曼荼羅などを縫い上げ、人々の信仰心を喚起した漂泊僧空念も摂取院（青森県南津軽郡）が所蔵する縁起の中で「中将姫観音菩薩再来」と称されている。さらに、当麻寺とは直接関わりのない話の中にも「中将姫の再来」と称される尼が出現する。『瑞応塵露集《ずいおうじんろしゅう》』巻二―八には、広隆寺の薬師堂を訪れた人の夢に如来が現れ「中将法如尼ガ再来」である存忍尼のもとへ行き、念仏の日課を受けるようにとのお告げを聞く話が見られる。

の松』（寛政九年（一七九七）年二月）や歌舞伎『鶊山姫捨松』（嘉永五年（一八五二）十一月）などの作品を生み出した。

このほか、元禄十三年（一七〇〇）には当時評判だった『薄雪《うすゆき》物語』に中将姫説話が結びつけられ、歌舞伎『薄雪今中将姫』が上演されるなど、話は多様に膨《ふく》らんで一つひとつが完成度の高い文学作品として創作され、娯楽化していく。

このような状況は、演劇に限らず浮世《うきよ》草子《ぞうし》や草双紙《くさぞうし》などの江戸時代の読み物にも共通する点が多く見られ、当麻曼荼羅と一人の女性の往生を語る中将姫説話の信仰面は希薄化し、当世風にアレンジされて娯楽化していく傾向が認められる。

こうした江戸時代の中将姫説話の受容は、本来の信仰心を損なうものと捉えられがちだが、むしろこのような世俗化によりいっそう中将姫説話は広まり、当麻曼荼羅と中将姫への関心と信仰心は喚起されていった。

江戸時代以降、「中将姫の再来」▲「中将尼の再誕」「今中将姫」といった表現が物語の中で定型表現として用いられるようになっていくのも、人々の暮らしの中で中将姫がいかに身近な存在として語られていたかを如実に示している。中将姫と織り上げられる曼荼羅のイメージが結びつき、江戸時代の当麻寺の出開帳《でかいちょう》▲では見世物の一つとして機を織る女性も登場していたようだ（図11）。

古の一人の女性の往生は、曼荼羅と共に崇拝され、憧憬の対象とされつづけながらも、人々の暮らしの中でより身近な存在として語り継がれていくことになったのだ。

出開帳　寺院の本尊や秘仏をはじめとする寺宝を他の土地に運んで行う開帳。

図11　上：名古屋市蓬左文庫蔵『開帳談話』　高力猿猴庵著、文政12年（1829）。同年4月、名古屋南天道町にある清安寺で行われた当麻寺奥院の出開帳風景。見世物として女性が機織りをする姿が描かれている。
下：成田山霊光館蔵「見世物小屋チラシ」　歌川国鶴画、安政3年（1856）。生人形の見世物のチラシ。中央やや右下の機織りの前に佇む中将姫が描かれている。

時代／年	名称（形態）	略称	所蔵
鎌倉	当麻曼荼羅縁起（２巻）	光明寺本	神奈川・光明寺
鎌倉	当麻寺縁起（２幅）	当麻寺本	奈良・当麻寺
鎌倉	当麻曼荼羅縁起（１幅）		和歌山・高野山清浄心院
享禄４（1531）	当麻寺縁起（３巻）	享禄本	奈良・当麻寺
室町（1555以前）	当麻曼荼羅（１幅）		龍谷大学龍谷ミュージアム
寛永10（1633）	当麻寺縁起（３巻）	寛永本	奈良・熨斗勝一氏
寛永（1624-44）以降カ	当麻寺縁起（断簡）		奈良・当麻寺念仏院
寛文９（1669）	当麻寺縁起（２幅）		京都・天性寺
延宝９（1681）	大和国宇多郡日張山青蓮寺縁起		奈良・青蓮寺
元禄９（1696）	当麻寺縁起（折本、３冊）		和歌山・得生寺
宝暦13（1763）	中将姫御画伝（３幅）	青蓮寺本	奈良・青蓮寺
明和４（1767）	中将姫絵伝（４幅）	奥院絵伝	奈良・当麻寺奥院
文政13（1830）	中将法如御一代画伝（１巻）	得生寺本	和歌山・得生寺
江戸末～明治	中将姫絵伝（２幅）	中之坊本	奈良・当麻寺中之坊
明治～	中将姫絵伝（１幅）		鳥取・大伝寺

表１　縁起・絵伝一覧

中将姫説話と掛幅絵

一方、中将姫説話の受容を考えるうえで、掛幅絵《かけふくえ》として中将姫説話が盛んに受容されてきた点も看過できない。もちろん、先に挙げた龍谷大学龍谷ミュージアム蔵「当麻曼荼羅」もその一つに含まれるが、江戸時代には「当麻寺縁起」のほか「中将姫絵伝」が数多く制作された（表１）。

既に鎌倉時代に光明寺本や当麻寺蔵『当麻寺縁起』（二幅、以下当麻寺本）などの絵巻や絵伝が制作されていたことからもわかるように、当麻曼荼羅の由来が早くから絵解きで語られていたことは明らかである。ただ繰り返しになるが、これらの縁起で伝えられるのは継子物の中将姫説話ではなかった。享禄本以降の絵巻や掛幅絵の中で、継母の策略によって姫が山中に遺棄される場面は必須の場面として定着し、描かれていく。

面白いことに、本来当麻寺の由緒を語るに際し、補足的な位置にあったはずの一人の女性の曼荼羅感得説話は、徐々に女性自身の生涯を印象的に語る一代記として、もはや当麻寺の縁起以上に話の中心に据えられるかたちで広まっていくのである。

図12　青本『中将ひめ』
中将姫が大蛇に経を投げつけ念じたことで、継母は成仏する

先に述べたように、演劇では、その一代記にさまざまな要素が加わって当世風の改作がなされていたが、寺の縁起よりもむしろ姫の一代記として広く受容されていく傾向は、説話や物語、そして絵伝などの絵画史料にも共通して見られる傾向である。

絵伝を所蔵する寺院は各地に点在しており、それぞれの掛幅絵は、制作時期や背景によって説話をどのように伝えるか、描く場面や内容に違いが見られる。

例えば、当麻寺中之坊所蔵の『中将姫絵伝』（二幅、以下中之坊本）には、継母が蛇身となって中将姫に襲いかかる場面が描かれている。同様の場面は『鶊山姫捨松』（図10）にも見られるが、継母が蛇身に変身するモチーフは、江戸時代初期に成立した説経浄瑠璃『中将姫御本地』や青本『中将ひめ』（図12）にも共通する。青本では、蛇身となった継母が姫の説教談義を邪魔するが、経の力によって阿弥陀三尊に救われて往生する。中之坊本に見られる蛇身となった継母のモチーフは、こうした同時代の流行を取り入れたものと見ることができよう。

江戸時代には、このような特色のある絵伝がそれぞれに制作され、それを用いながら中将姫説話の絵解きが盛んになされていたようだ。

二▶つながる人々——説話画を読み解く

来迎図に込められた家族のドラマ

絵伝とは異なるが、中将姫説話を端的かつダイナミックに描いた一幅の説話画がある。京都市左京区の檀王法林寺《だんのうほうりんじ》が所蔵する「中将姫臨終感得来迎図」である（図13、以下法林寺本）。

練供養　寺院の法会で、来迎する諸菩薩に仮装して練り歩く仏事。中将姫の忌日に行われる当麻寺のものが有名。

図13　檀王法林寺蔵「中将姫臨終感得来迎図」
寛永元年（1624）、絹本著色、144.6×97.9cm

当麻寺の境内および周辺の景観を描き、中央には来迎する阿弥陀聖衆と往生する中将姫の姿が描かれている。毎年五月十四日に行われる当麻寺の練供養《ねりくよう》▲の情景を映し出した絵画とも言えよう（図14・15）。

練供養の日、当麻寺では曼荼羅堂（本堂）から娑婆堂に来迎橋が架けられ、菩薩は本堂から娑婆堂へ、そして娑婆堂から本堂へとその橋の上を練り歩く。西方極楽浄土をイメージするに

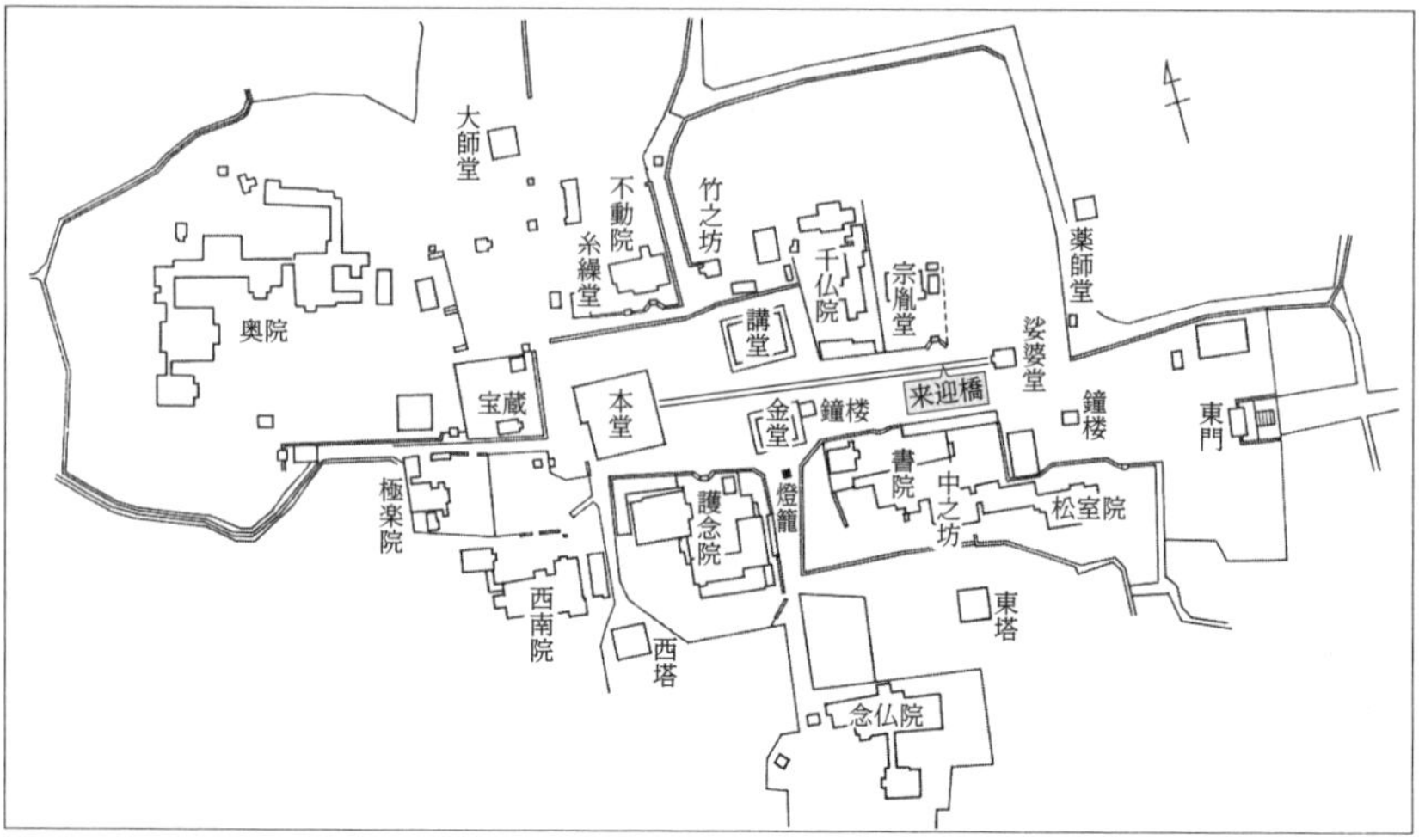

図14　当麻寺境内図

ふさわしい、日の沈む夕刻に行われる。

練供養には毎年多くの人が訪れ、その様を見守っている。まるで光明寺本の絵巻に描かれた聖衆来迎の場面が、そのまま目の前に現れたかのようである。法林寺本を見ると、中将姫のまわりには、僧尼のほかに、子どもを背負った母親や、琵琶法師など、さまざまな人々が集まっており、彼らの感嘆の声が今にも聞こえて

図15　当麻寺練供養　下は練供養の日に本堂（曼荼羅堂）から娑婆堂へ架けられる特設の来迎橋

くるようだ。

珍しい構図の掛幅絵だが、近年、同様の主題で描かれた類似作品が次々と見つかり、制作された経緯が少しずつ明らかになってきた。

檀王法林寺には、寛永二年（一六二五）に記された『当麻踟《ねり》供養図記』（以下『図記』）が伝来しており、その序文には、この絵の制作動機について記されている。要約すると次の通りである。

沙弥▲善西の曼荼羅を見た妙尊が、自分も曼荼羅一幅を書写したいと思うようになった。妙尊が息子（北出《きたで》嘉兵衛）に自らの衣を売って曼荼羅を制作したいと話したところ、息子らは賛成した。妙尊と息子らは話し合って、当麻寺の練供養の様子を描いた絵の存在を聞かないことから、それを描いた掛幅絵を制作してはどうだろうという話になった。嘉兵衛は南部へ赴き、当時の名工であった竹坊《たけのぼう》藤吉、藤三父子に制作を依頼した。竹坊父子は、数日間当麻に滞在し、山や境内や供養の儀式などを粗々《あらあら》スケッチし、夏から秋にかけて掛幅絵を完成させた。

こうして妙尊の願いが叶《かな》えられるかたちで法林寺本は竹坊の絵師によって制作

沙弥　仏教において、若くして出家し、十戒を守っている者で、具足戒を受けて比丘になる以前の徒弟僧侶のこと。二十歳になれば比丘になることができる。女性は沙弥尼。

された。ただこの『図記』の序文の最後には、右の事情が記された後に「已上序老母図、元和七年袋中」とあって、どうやら寛永元年（一六二四）に完成した法林寺本が制作されるより前、元和七年（一六二一）に制作された一幅があって、『図記』の記述は、その元和七年の掛幅絵に関する序文に拠っているようである。

それでは、その元和七年の掛幅絵とは何か。実は、その一幅が京都市右京区の西寿寺《さいじゅじ》に伝存していることがわかった（図16・17、以下西寿寺本）。西寿寺本の背面には元和七年の制作銘とその由来を記した裏書があり、妙尊の願いにより制作

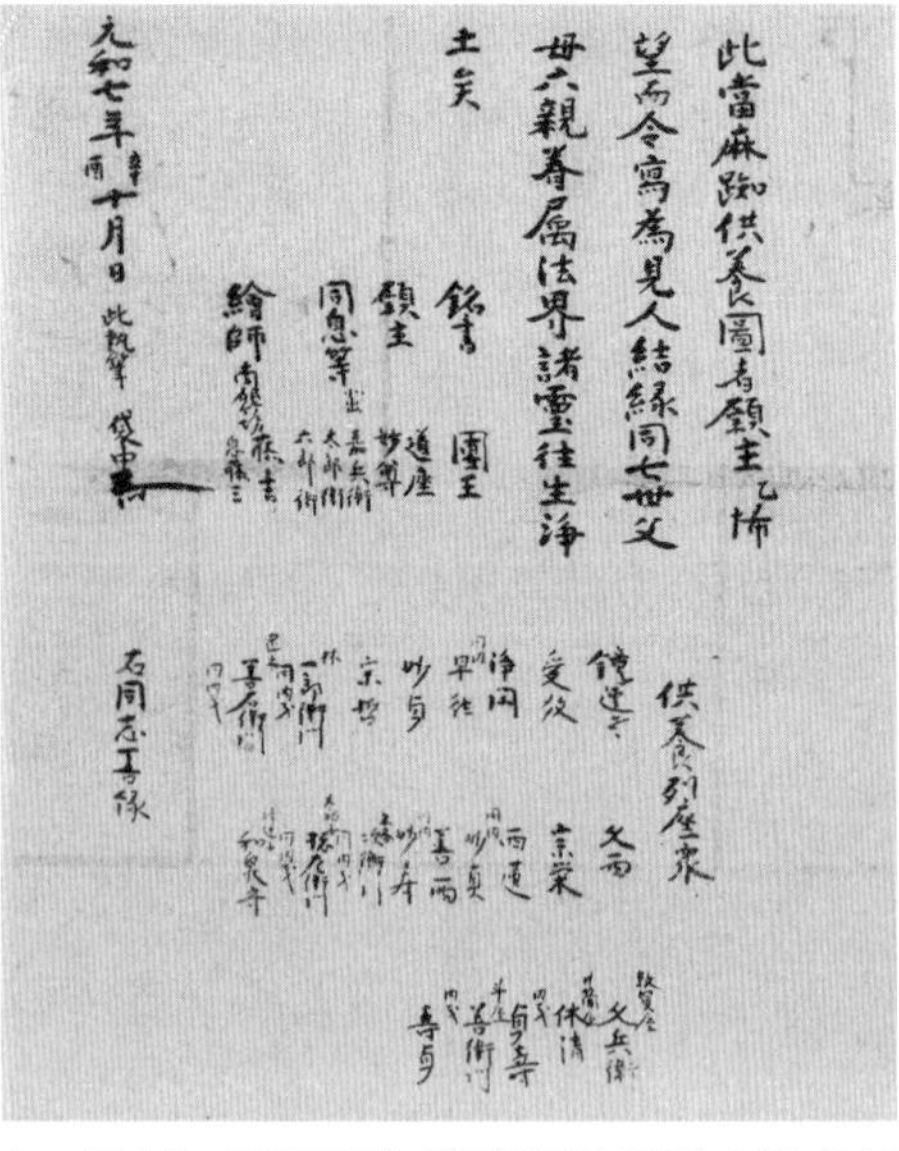

上：図16　西寿寺蔵「当麻寺供養図」元和７年(1621)、絹本著色、135.2×87.1cm
下：図17　西寿寺蔵「当麻寺供養図」の裏書

された最初の掛幅絵であることを伝えている。

法林寺本の背面にも裏書があり、西寿寺本が制作されたわずか三年後、寛永元年に妙尊の末子六郎兵衛が三十三歳で病死したことにより、その菩提を弔うために法林寺本が制作されたとある（図18）。法林寺本の左下には亡くなった末子六郎兵衛の姿が描き込まれている（図19）。長年の病だったのか詳細はわからないが、来迎図の中に失った家族を描き込むことを望んだ家族の気持ちは現代と変わらない。

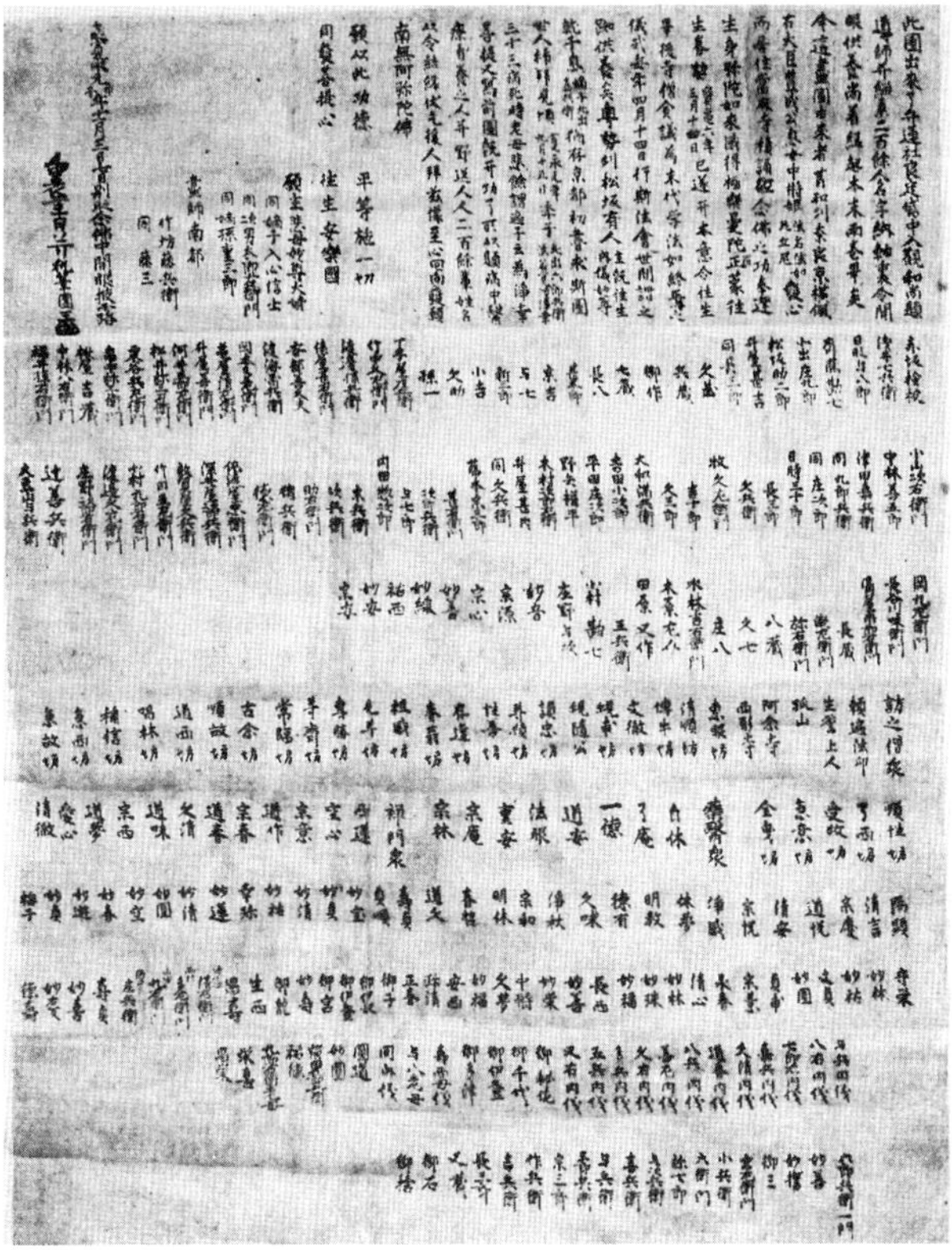

図18　法林寺本の裏書

図19　北出六郎兵衛

法林寺本の裏書には、二百六十五人が名前

を寄せて結縁している。

もともとは妙尊の願いによって制作された来迎図だったが、わずか三年後に息子六郎兵衛を失い、それを弔うべく再度来迎図は制作された。西寿寺本と法林寺本は、北出家一族の祈りの芸術として誕生したのだ。

実は、法林寺本とよく似た来迎図を奈良市の誕生寺と米国のミシガン大学美術館が所蔵している。十分な史料もなく、これらの来迎図がなぜ制作されたのか、北出家と関係するか否かについてはよくわかっていない。ただ、北出家の発願によって制作された来迎図は人々を魅了し、その後も類似の来迎図が次々に生み出されていったようだ。

北出嘉兵衛のこと

それでは、妙尊が作りたいと願った来迎図がなぜ西寿寺にあり、そして、六郎兵衛を弔うべく制作した来迎図がなぜ檀王法林寺にあるのか。このことを知るには、もう少し北出家の事情を探ってみる必要がある。

その前に、来迎図を所蔵する西寿寺と檀王法林寺について、簡単に説明しておこう。どちらも江戸時代初期に活躍した浄土宗の僧袋中▲ゆかりの寺である（図20）。

西寿寺は、京都市右京区鳴滝泉谷町にある浄土宗の尼寺で、泉谷山と号し、袋

袋中良定　一五五二―一六三九。陸奥国磐城郡の出身の学僧。まだ見ぬ仏法を求めて明に渡ることを志すが、渡明の便船を求めて琉球王国に滞在し、滞在中に琉球での浄土宗布教に努めた。渡明の便船が見つからず帰国した後は、京都三条の檀王法林寺をはじめ多くの浄土宗寺院の創建や中興を行ったことで知られている。

中に帰依した北出嘉兵衛が寛永四年（一六二七）に袋中を招来し念仏道場を建立したのが始まりとされている。

檀王法林寺は、京都市左京区法林寺門前町にある浄土宗寺院で、慶長年間（一五九六―一六一五）に袋中が再建した。西寿寺蔵『泉谷縁起』によれば、伊勢松坂（現在の三重県松阪市）出身の北出嘉兵衛は、若い頃に京都へ上り、檀王法林寺に近い「高辻通藪之下町」（現在の下京区藪下町）に居住していたという。袋中に帰依し、人々からは「念仏嘉兵衛」と呼ばれる熱心な檀信徒だったようだ。嘉兵衛は檀王法林寺へ足繁く通っていたようで、嘉兵衛が後に西寿寺へ袋中を招請したのも、袋中への強い信仰心ゆえのことだった。

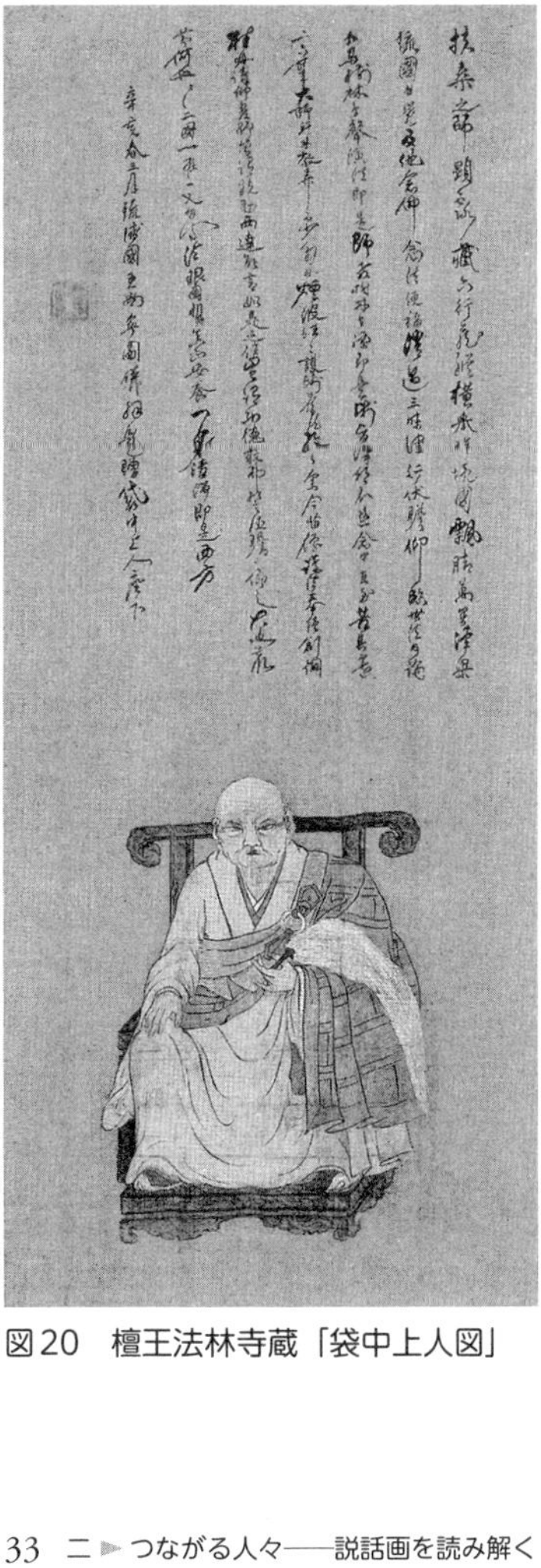
図20　檀王法林寺蔵「袋中上人図」

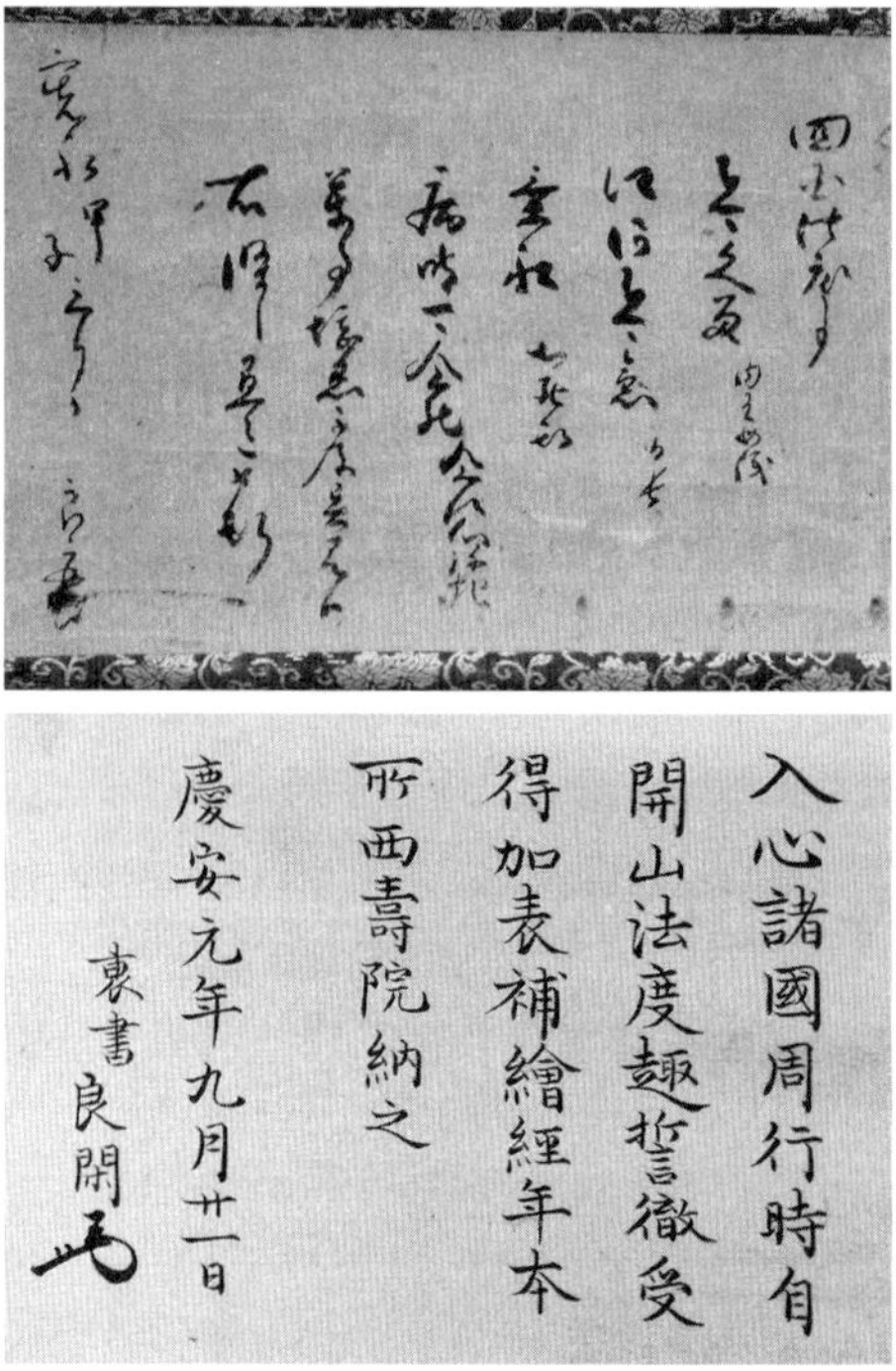
入心諸國周行時自
開山法度趣誓徹受
得加表補繪經年本
所西壽院納之
慶安元年九月廿一日
裏書　良閑

図21　上：西寿寺蔵「開山上人回国法度書」
下：同　裏書

西寿寺には、「開山上人回国法度書」が伝来している（図21）。この法度書は、袋中が嘉兵衛に回国▲の心得を示したもので、寛永元年（一六二四）に嘉兵衛は袋中からこれを与えられている。嘉兵衛は法名を入心《にゅうしん》と言い、慶安元年（一六四八）に檀王法林寺八世東暉《とうき》良閑《りょうかん》▲によって書かれた回国法度の裏書には「入心諸国周行時」とある。これに拠るならば、嘉兵衛自身も晩年には回国聖《ひじり》のような活動をしていたのかもしれない。このほかにも袋中が記した『南北二京霊地集』の自筆本の奥書には、今後を考え入心（嘉兵衛）に本を預けていたとの記述があり、袋中と嘉兵衛の信頼関係は揺るぎないものだったと見てよさそうだ（図22）。

西寿寺本は、おそらく北出家の重宝として嘉兵衛がそのまま持ち伝えたものと思われる。一方、法林寺本は当初から嘉兵衛が足繁く通っていた袋中ゆかりの檀王法林寺へ納められ、六郎兵衛の供養が執り行われ、今に至ると考えられる。法林寺本の裏書には、七日間別時念仏▲の際に開眼《かいげん》供養がなされたとあり、六郎兵衛

回国　巡礼のために多くの国々を回ること。特に本寺から離れて回国遊行し、幅広い勧進活動を行った人々を回国聖という。彼らは庶民仏教の展開において主導的な役割を果たした。廻国。

の往生は多くの縁者に見守られ、叶えられたようだ。

斜めから？　正面から？

ところで、西寿寺本と法林寺本を見比べると、似ているようで大きく異なっている点がある。来迎の向きである。西寿寺本は斜め来迎で描かれていたが、その後の法林寺本は正面来迎で描かれている。斜め来迎と正面来迎とではどのように印象は変わるのだろうか。

斜め来迎は来迎仏が向かうその先にある特定の個人に向かって来迎している印象を受ける。一方、正面来迎は来迎図を眼前にする私たちの前に来迎している印象を受ける。法林寺本に描かれた来迎は、確かに中将姫に向かう来迎だが、正面来迎で描かれたことにより、この一幅を前に浄土を想う多くの人々をも救済するかのようにも受け取れる。斜め来迎から正面来迎への改変は、見る者をも浄土へいざなう効果が期待されたのではないだろうか。このことは、当麻曼荼羅の極楽世界が正面図で描かれていることにも通じているように思われる。

東暉良閑　一六二二―一六八二。檀王法林寺八世。袋中から直接の教えを受け継いだ最後の直弟子。学僧としての誉れが高く、檀王法林寺を念仏信仰や曼荼羅信仰の盛んな浄土宗寺院として発展させた。

別時念仏　念仏行者が日頃の怠りを償うために特定の期間、念仏勤行を行うこと。

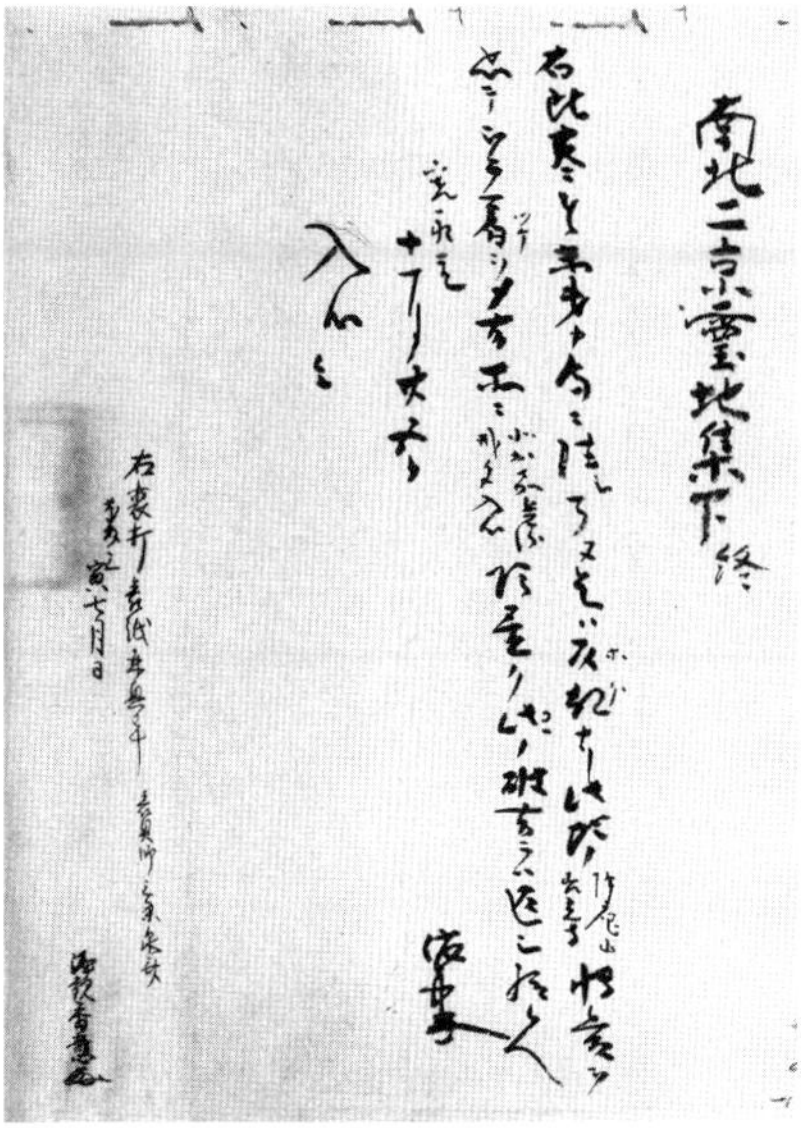

図22　西寿寺蔵『南北二京霊地集』奥書

印契　仏教において指でさまざまな形を作り、仏・菩薩・諸尊の内証を示すもの。印相。

図23　町局の往生（光触寺蔵『頬焼阿弥陀縁起』より）
合掌する町局の手が阿弥陀の手と結ばれている

往生を願う人々

当麻曼荼羅の図像は礼拝者に向かって正面向きに阿弥陀浄土の世界を見せるかたちになる。礼拝者がこの静止した画像を長時間にわたって見つめることによって、諸菩薩は動き出し、遠い浄土の世界から阿弥陀の声さえ聞くことができると信じられてきた。絵巻の中に、往生する人が阿弥陀や曼荼羅の前で合掌する姿が描かれているものもある。阿弥陀の印契《いんけい》▲から五色の糸が描かれ、その糸は往生人の手と結ばれている（図23・24）。

興味深いことに、知恩寺（京都市）蔵「当麻曼荼羅」の中尊阿弥陀の印契には糸を通した穴が確認されており、また金戒光明寺《こんかいこうみようじ》（京都市）蔵「山越阿弥陀図」には五色の糸の痕跡がはっきりと残っている（図25）。これらは実際に往生人の枕元で使用された可能性が高い。金戒光明寺には、現在屏風に残されている糸とは異なる糸が一付属品として「五色糸由来書」と共に保存されている。

今日私たちが博物館や美術館でガラスケース越しに見ることの多いこれらの絵画は、かつては人々が暮らしの中で求めた、阿弥陀の浄土と自分たちを結ぶツールだったのだ。

図24　西行の往生（西尾市岩瀬文庫蔵『西行物語』より）

図25　金戒光明寺蔵「山越阿弥陀図」

軸木はタイムカプセル

斜め来迎から正面来迎に改められて制作された来迎図だが、このような改変は、誰によってなされたのだろう。絵師だろうか。来迎図には特に何も記されていない。

確かに『図記』には、妙尊と息子らの話し合いにより当麻寺の練供養を主題とすることが決まったこと、また、当時の名工であった竹坊父子が当麻でスケッチした、山や境内や供養の法儀などをもとに掛幅絵を完成させたことが記されている。しかし、近似した作例がない来迎図をこれほど細やかな描写で、構図からすべてを絵師が決定して描くということはあるのだろうか。やはり指導者的立場にある人物の存在を考える必要がありそうだ。

このことを考えている最中、非常に興味深い発見があった。西寿寺本は、平成二十四年（二〇一二）八月から同二十五年三月にかけて修復され、軸木に細工がなされていたことが明らかになったのだ。このことは話題となり、『京都新聞』の夕刊一面でも紹介された（図26）。軸木の中央部は刳《く》り抜きになっていて、その中には袋中自筆の願文と名号が収められていたのである（図27）。

1　7版　第47108号　京都新聞

軸木が箱 中に袋中の名号

右京・西寿寺の掛け軸「当麻寺供養図」

江戸初期のタイムカプセル？

修復で発見「珍しい細工」

中をくりぬいて箱のように細工された軸木。中には袋中上人の名号が筒状に丸められ、封をして納められていた（京都市東山区・京都国立博物館）＝撮影・船越正宏

図26　『京都新聞』夕刊１面、2013年4月9日

軸木の表面に墨書銘が確認されることはしばしばあるが、軸木の内部を刳り抜き、その中に文書を入れるという精巧な細工がなされている例は珍しい。軸木には巻き上がるのを防ぐよう一定の重さが求められるため、一部であっても内部を空洞にすることは、軸としての役割を考えれば本来なされるはずのないことだからだ。

西寿寺本の軸木の蓋を外《はず》すと、六字名号が五十枚と制作に際しての願文一点が、十四層に重ねられて筒状に巻かれていた。それらは包紙で封がされていた。軸木の中から袋中自筆の史料が見つかったことは、西寿寺本の制作段階で袋中が関与したことを意味する。袋中は檀王法林寺を二世団王良仙《だんのうりょうせん》▲に譲り、五条坂の袋中菴《たいちゅうあん》▲に移り住んで以降も、京都・奈良を中心に諸寺で念仏教化に努め、嘉兵衛ら北出家をはじめとする檀信徒との交流を絶やすことなく、たびたび檀王法林寺を訪れていた。法林寺本の願主が西寿寺本同様、北出家一族であることからすると、西寿寺本と法林寺本以降の伝本に生じている構図の違いには、やはり袋中の指導があったと見るべきだろう。軸木内蔵品は、袋中が一連の掛幅絵制作に直接的に関与していたことを如実に物語っている。

団王良仙　未詳―一六三七。檀王法林寺二世。袋中の念仏信仰を継承し、小庵から出発した檀王法林寺の基盤を強固なものにした。袋中以上に町衆信者との交流を深めたことにより、当寺は「だんのうさん」との呼称で親しまれ今日に至っている。

袋中菴　現在は京都市右京区花園円成寺町にある浄土宗寺院。元和五年（一六一九）に袋中によりその隠棲のために東山菊渓《きくだに》に草庵を結んだのが始まり。その後、元和七年（一六二一）には東山（東山区五条橋）に移され袋中菴と称した。承応元年（一六五二）には従兄妹の清信尼が二世となり、以後「五条坂の袋中菴」と呼ばれ、尼僧の念仏道場となる。

タイムカプセルの中身

ここで、内蔵品について詳しく見てみよう。西寿寺本の軸木（全長一〇七・二、直径三・九cm）の中央部は、縦四三・六、横二一・五cm程度の大きさに刳り抜かれている。被《かぶ》せられた蓋を外すと、「南无阿弥陀仏　踟供養図成就書着　願主妙尊大姉」と墨書された包紙の中に、願文（三五・六×二五・八cm）と五十枚の名号が収められていた。願文には、先祖供養を願い、元和七年（一六二一）に北出家の発願により、絵屋竹坊によって制作されたことが記されている。西寿寺本の背面と概《おおむ》ね一致する内容が袋中の自筆で記されている。

図27　上：袋中自筆の願文
下：　袋中自筆の名号

名号は、縦五二・六cm、横一九・四cmの大きなものを下層（第十四層）にしながら、上層部（第二層）には、縦一〇・〇cm以下、横二・〇cm程度の小さな名号を重ねている。五十枚すべて袋中自筆の名号と見てよいが、大きさや書体はさまざまで、軸木に収めることを目的として一度にまとめて書かれたものとは考えにくい。なぜ、五十枚の名号が収められたのかは、ほかの事例をまって検討する必要がある。

ただ類例として、檀王法林寺蔵「八相涅槃図《はっそうねはんず》」▲旧軸木から発見された奉加帳《ほうがちょう》▲（図28）と袋中の刷り名号（図29）は参考になるだろう。収められた名号は破損がひどく、正確な数を数えることは困難だが、奉加帳には「六字名号板起二百幅並二代団王筆六字名号十幅、勢州山田入門寺文岡之筆二幅、大沢呑霊之筆二幅、五筆二幅主宗春、同筆三幅主受教／各為一門眷属也」とあり、あまり総数を意識していないように思える。「六字名号板起二百幅」は袋中自筆の名号をもとに制作された板木を刷ったものであり、五十枚という総数は、切りのよい数字であったのかもしれない。

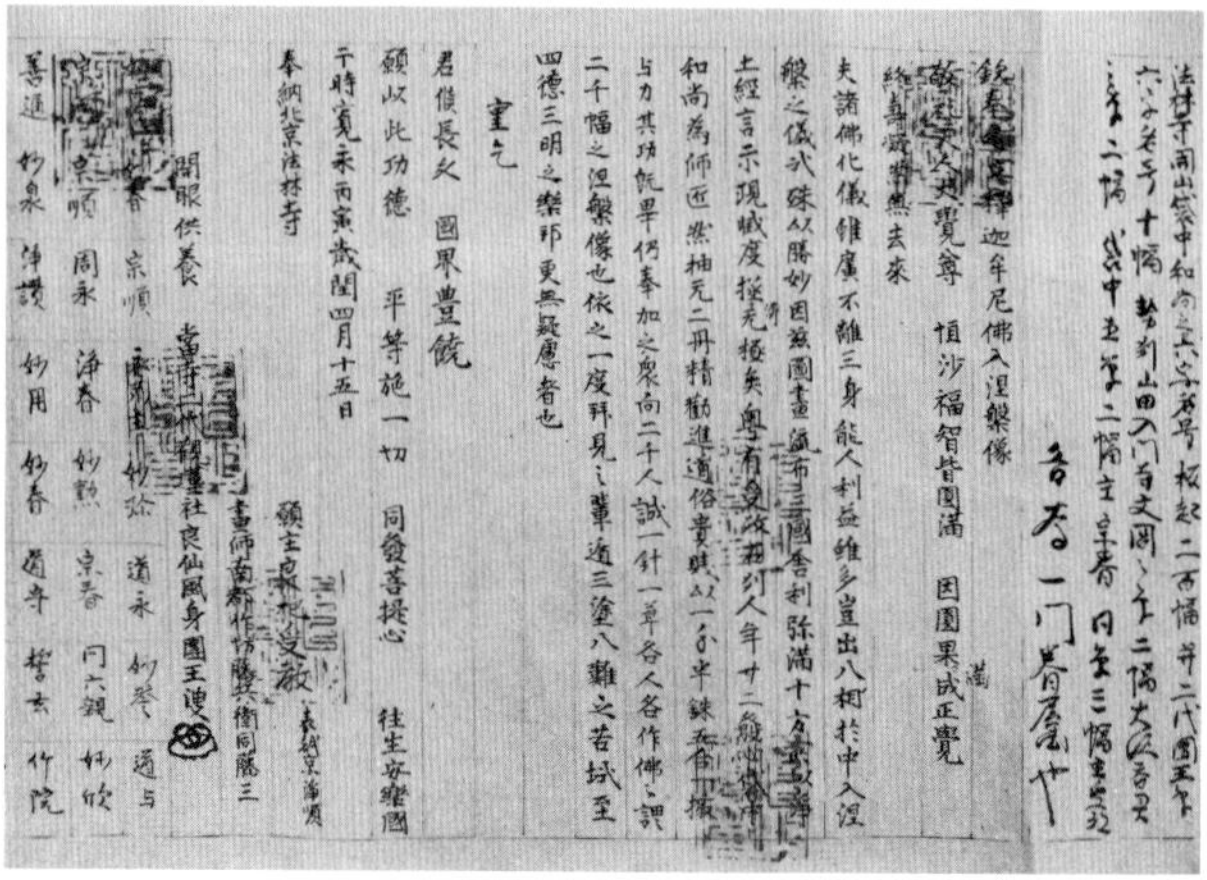
法林寺開山袋中和尚之六字名号板起二百幅并二代団王筆
六字名号十幅　勢州山田入門寺文岡之筆二幅　大沢呑霊
之筆二幅　袋中自筆二幅主宗春　同筆三幅主受教
各為一門眷属也
釈迦牟尼佛入涅槃像
夫諸佛化儀雖廣不離三身能人利益雖多豈出八相於中入涅
二千幅之涅槃像也依之一度拝見之輩遁三塗八難之苦域至
四徳三明之楽邦更無疑慮者也
願以此功徳　平等施一切　同発菩提心　往生安楽国
于時寛永丙寅歳閏四月十五日
奉納北京法林寺

上：図28　奉加帳
左：図29　袋中の刷り名号

八相涅槃図　釈迦の入涅槃を中心に置き、その周辺に涅槃前後の出来事を描いた八場面を配した仏涅槃図。左右縁に区画を設けて描くのは当麻曼荼羅に倣ったものと考えられている。

名号の利益

これらの名号がどのように用いられたかについては、寛延二年（一七四九）成

奉加帳 寺社の造営や修理などのために財物を寄進するに際し、寄進する財物の目録、寄進者の住所や氏名を記入する帳面。寄進帳、勧進帳ともいう。

立の『袋中上人絵詞伝』が手がかりになる。

第二十一話では、袋中が六字名号を手ずから授けて説法する様子が描かれている（図30）。このようにして授けられた名号は、人々の暮らしの中でさまざまな効力を発揮したようだ。第二十二話では、貪欲な心を持った女房が旅僧を殺したためその僧の魂が恨みをもって現れ、女房が狂乱してしまうのだが、その後、主人が「上人自筆の名号」をかけたところ、同じようなことはもう起こらなかった

図30 『袋中上人絵詞伝』第21話

図31 『袋中上人絵詞伝』第22話

図32 『袋中上人絵詞伝』第23話

という。つまり、僧の魂は袋中の名号によって鎮められたのだ（図31）。続く第二十三話は、無事出産を終えた女性の夢に袋中が現れる。この女性は「上人自筆の名号」を仏壇にかけて長年信仰している女性だった。女性はその利益によって無事出産することができたのだという（図32）。

　第二十三話の後に「右二件は上人没後の益《やく》なれども便《たよ》りにまかせてここに記し侍る」とあることから、この二話は、袋中没後の出来事を記したものであることがわかる。後世にはこのような名号による呪術的な効験を伝える利益譚が、袋中像を伝える奇跡として広まったのだろう。

　このような名号による利益譚は、江戸時代の高僧伝や往生伝に散見する。例えば、岩窟の聖者として知られる弾誓《たんせい》▲の生涯を記した『弾誓上人絵詞伝』には「貴賤道俗おしなべて、我も我もと参詣し、名号授かり、日課をうけ、葷酒《くんしゅ》の穢《けが》れも誡《いまし》めて、斎戒《さいかい》念仏いさぎよく、身命みのりになげうつて、偏《ひとえ》に往生こいねがい」とあり、弾誓の六字名号によせる人々の想いが読み取れる。弾誓の名号はその後も多くの写しが作成され、現在でも神奈川県小田原市を中心にかなりの数が伝存するという。

　また、増上寺三十六世の祐天《ゆうてん》▲が書いた「六字宝号」を信受する者は「或ハ刀難ヲ免《まぬが》レ、或ハ病苦ヲ脱シ、或ハ水火ノ災ヲ禳《はら》ヒ、或ハ難産ノ患《わずらい》ヲ救フ等ノ現益《げんやく》」

弾誓　一五五二―一六一三。浄土宗僧。諸国を遍歴し、佐渡で修行中に阿弥陀仏の説法を感得する。後に諏訪、箱根塔之沢、京都大原古知谷の阿弥陀寺など多くの寺を開いた。長髪異相の木食上人として知られ、名号書写は四百余万枚に及んだと伝えられている。

祐天　一六三七―一七一八。浄土宗僧。各地で念仏布教に努め尊崇を集める。徳川綱吉・家宣らの帰依を受け、正徳元年（一七一一）に増上寺第三十六世を継ぎ、大僧正となった。祐天には怨霊までもその念仏の力で成仏させたという除霊伝説があり、このような伝説は彼の存命中に書かれた『死霊解脱物語聞書』などの出版物によって広まった。

があるといい、刷られた名号についても同様の利益があると伝えられている。しかしその一方で、「漫《みだ》リニ毀謗《きぼう》スレバ、忽《たちま》チ神責ヲ蒙《こうむ》リ鬼罰ヲ得」るものでもあった。祐天が生涯書いた名号の数は多く、数知れないほどであったという（『現証往生伝』）。

このほか、貞伝《ていでん》▲の名号も、病者の首にかけるとたちまち快癒したことや、難産で瀕死《ひんし》の状態であった女性のもとに名号を置いて念仏を唱えたところ無事出産したなどの利益譚が伝えられており、袋中の名号利益に通じている（『東域念仏利益伝』）。

『袋中上人絵詞伝』に見られる利益譚も、このような江戸時代に流布した名号利益譚と軌を一にするものと捉えられよう。袋中自筆の名号自体は、西寿寺や檀王法林寺をはじめとする袋中関連寺院に、軸装されたものが複数確認できる。しかし、小型の名号は例が少なく、西寿寺本の軸木から見つかった大小さまざまな五十枚の名号は貴重である。先に述べたように、檀王法林寺蔵「八相涅槃図」の軸木からは、袋中自筆の名号をもとに制作された刷り名号が見つかっている。大紙に一度にまとめて刷られていることから、実際に数多くの名号が作られ、有縁者に授けられていたのだろう。

貞伝　一六九〇—一七三一。浄土宗僧。東北地方を中心に布教活動を行い、その教化は松前（北海道）まで及んだと伝えられる。余った銅で鋳造した「貞伝仏」あるいは「万体仏」と呼ばれる一寸二分の銅仏は、海難のお守りとして漁業者からの信仰を集めた。

勧進　人々に仏道修行に励むことが功徳になることを教え、仏道に入るよう勧めること。また堂塔などの造立や寺社の補修のために必要な寄付を募ること。

掛幅絵　実在する寺社の草創やその由来を説く霊験譚、または祖師や高僧の伝記といった宗教的な物語を掛幅に仕立てたもの。しばしば連幅で大画面の物語絵として制作され、僧侶の語り（絵解き）と共に受容された。

浄土三曼荼羅　極楽浄土を描いた浄土変相図（浄土曼荼羅）のうち、わが国で主要とされる三種類の浄土変相図およびその構図を指す。原本はそれぞれ、当麻寺が所蔵する当麻曼荼羅、元興寺が所蔵する智光曼荼羅、超昇寺が所蔵する清海曼荼羅。

檀信徒らの活動と集団の拡大

先に述べたように、西寿寺本の願主妙尊の子である北出嘉兵衛は、後に入心と名乗り、袋中から回国の心得を示した「開山上人回国法度《はっと》書」を与えられていた。この法度書からは、嘉兵衛と袋中との緊密な関係がうかがえ、嘉兵衛の回国聖的活動をうかがわせる。嘉兵衛は勧進《かんじん》▲教化しながら、袋中の教えを広めていたと考えられるのである。熱心な檀信徒が同行人らと共に勧進しながら、掛幅絵《かけふくえ》▲を制作したという事実は、袋中の信仰集団がどのように形づくられ、活躍していったかを考える手がかりとなる。

袋中は、京都の檀王法林寺をはじめ、多くの浄土宗寺院の創建や再興に尽力したことで知られるが、著作も多く、後世にも大きな影響を与えた。浄土三曼荼羅▲（智光《ちこう》・当麻・清海《せいかい》曼荼羅）に関する著作もある。寛永二年（一六二五）の『浄土最初曼荼羅略記』、慶長十九年（一六一四）の『当曼白記《たいまんびゃつき》』（以下『白記』）、寛永二年の『浄土第三曼荼羅略記』がそれであり、個々に記されている内容は、檀王法林寺に伝存する浄土三曼荼羅の構図や特徴に対応しており、注目される。

袋中の教えは、袋中自身の活動のみならず、時に勧進聖的な役割をも担った熱心な檀信徒たちによっても広められていった。妙尊や嘉兵衛ら北出家など有力な檀信徒らは、掛幅絵を制作し奉納することによって信心のかたちを表した。檀信徒の信心の結集によって完成した掛幅絵は、わかりやすく袋中の教えを広めるための格好の題材だったと考えられる。おそらく絵解きがなされ、わかりやすく人々を教化する手段として用いられたのだろう。袋中を中心とした信仰集団が形づくられていく過程が垣間見えるようだ。

来迎図と共に語られた中将姫説話

それでは、法林寺本とともに語られた中将姫説話は、どのような内容だったのだろうか。『図記』には掛幅絵の制作背景について記されているが、それだけではない。『図記』の大部分を占めるのは中将姫説話であり、掛幅絵は『図記』に記されているような中将姫説話とセットで享受されたと考えられる。

『図記』に記されているのは、ひばり山に姫が捨てられるという、いわゆる継子物の中将姫説話で、曼荼羅を織り上げる過程よりも、継子の姫君の苦難を詳しく書いている点に特徴がある。しかし、継子物の要素が加わり物語化が著しくなった『疏』や享禄本とは異なる点が多い。『疏』や享禄本には、姫の弟の誕生や継母によって姉弟共に葛城山の地獄谷へ遺棄される話が見られるが、『図記』にはそのような話は見られないのである。

実は、『図記』に記されている中将姫説話の特徴は、後に袋中によって記され

成立年	所蔵／名称	絵師名
元和７年（1621）	西寿寺蔵「当麻寺供養図」	竹坊藤吉・藤三
元和９年（1623）	袋中菴蔵「袋中上人画像良仙和尚賛」	竹坊藤□〈吉カ〉
寛永元年（1624）	檀王法林寺蔵「中将姫臨終感得来迎図」	竹坊藤兵衛・同藤三
寛永３年（1626）	檀王法林寺蔵「八相涅槃図」	竹坊藤兵衛
寛永４年（1627）	檀王法林寺蔵「智光曼荼羅図」（異相本）	竹坊藤兵衛
寛永９年（1632）	西寿寺蔵「二河白道図」	竹坊藤兵衛
寛文11年（1671）	檀王法林寺蔵「当麻曼荼羅図」	竹坊正俊
享保４年（1719）	念仏寺蔵「演底主夜神像」	竹坊吉兵衛

表２　絵屋竹坊と絵画

た『白記』巻一の中将姫説話に共通する点が多く見られる。細かな表現から和歌に至るまで酷似している。興味深いことに、袋中は『白記』巻一の末尾で葛城山地獄谷へ遺棄される中将姫説話についてふれ、「此等の説ありといえども、信用すべからず」と忠告している。『図記』に葛城山地獄谷の話が入っていないのは、『白記』に記された袋中の中将姫説話に対する理解が少なからず反映されているためと考えてよいだろう。

法林寺本はもちろん、西寿寺本などの伝本もおそらく、袋中の理解を尊重して記された『図記』にあるような中将姫説話と共に享受されたものと考えられる。『図記』では姫は「和州鶬山《ひばりやま》」（大和の日張山）に捨てられたとあり、この点も『白記』と一致する。継母の策略によって日張山に捨てられた姫君の悲劇と往生は、絵画を伴って人々の記憶と心に深く刻まれたに違いない。

袋中と絵屋竹坊

西寿寺本、法林寺本など、袋中の周辺で制作された掛幅絵の多くは、いずれも絵屋竹坊によるものである。袋中関連寺院所蔵の絵屋竹坊による作品で筆者が把握しているものを挙げると表2のようになる。

貞享四年（一六八七）刊行の『奈良曝《ならさらし》』（巻一）や享保十五年（一七三〇）刊行の

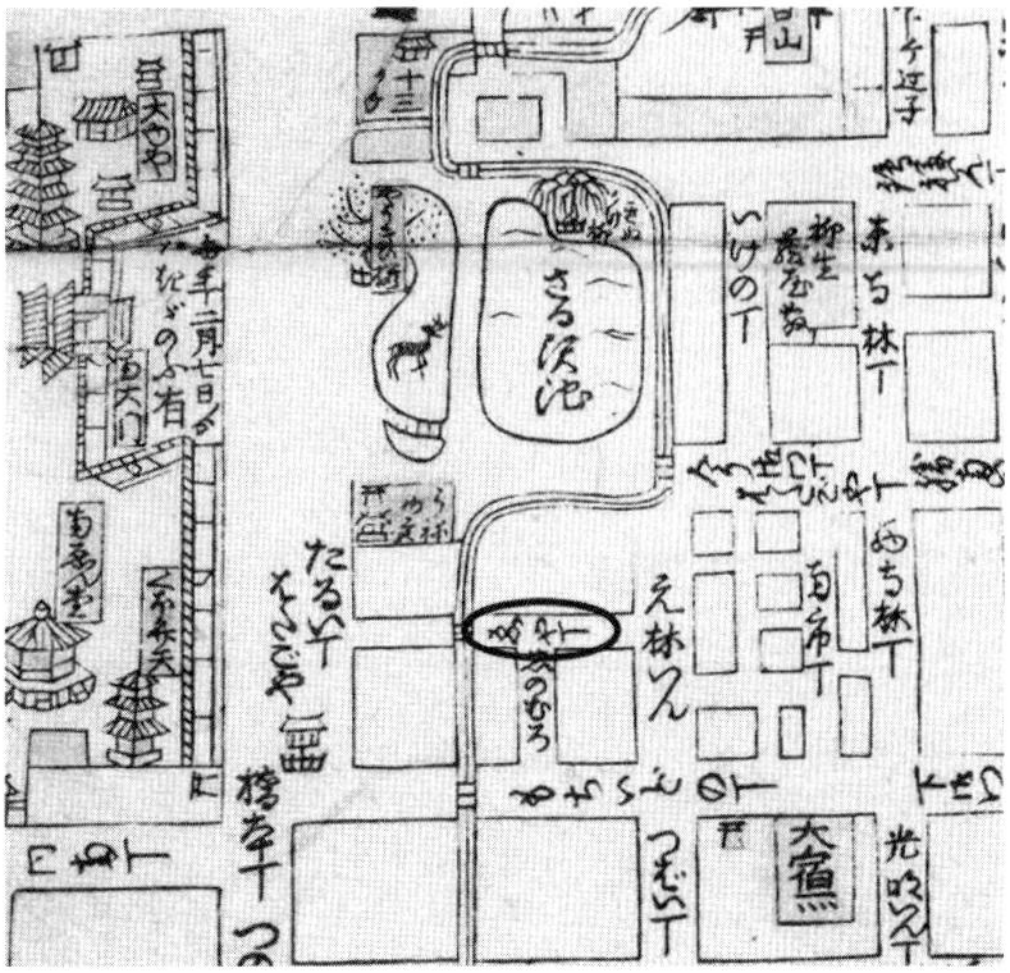

図33　「ゑや丁」（『和州奈良之図』）

図34　絵屋橋跡

『奈良《なら》坊目拙解《ぼうもくせっかい》』（巻二）によれば、元林院《がんりいん》町の南北の通りを絵屋町と言い、竹坊は絵屋町に数軒あった仏画師らが集う絵屋だったという。所在は、天保十五年（一八四四）刊行の『和州奈良之図』が参考になるだろう（図33）。現在、興福寺の南、猿沢池の西に絵屋橋跡がある。親柱に「絵屋橋」と刻まれているのはその名残である（図34）。

　興味深いことに、この絵屋竹坊の絵師の名前が念仏寺（奈良市漢国町）の過去帳に確認できる。過去帳は、寛永元年（一六二四）頃から現在に至るまでの分が残されているという。念仏寺は、元和八年（一六二二）に袋中が開創した浄土宗寺院で、寛永年間（一六二四―四四）に袋中が一切経を蒐集・書写し、念仏寺の経蔵に納めたことが知られている。『奈良市史』にある念仏寺の過去帳から抽出された絵師の没年のうち、関係する没年を挙げてみよう。

正保三年（一六四六）没　絵屋藤兵衛
万治二年（一六五九）没　絵屋善兵衛
元禄四年（一六九一）没　元林院町竹坊吉兵衛
正徳四年（一七一四）没　竹坊吉兵衛

正保三年の「絵屋藤兵衛」は、表2に挙げた檀王法林寺蔵「中将姫臨終感得来迎図」、「八相涅槃図」、「智光曼荼羅（異相本）」、西寿寺蔵「二河白道図」を手がけた竹坊藤兵衛を指す可能性が高い。念仏寺の過去帳からは、袋中周辺の一連の仏画制作に携わった竹坊絵師たちもまた、袋中に帰依する信仰集団の一員だったことがうかがえるのである。

タイムカプセルからひもとかれる謎

檀信徒によって奉納された掛幅絵の軸木から袋中自筆の名号が見つかったことは、既に掛幅絵の制作段階で袋中の関与があったことの証左となる。また、軸木の中から発見された史料により、袋中の教えは袋中本人のみならず、袋中のもとに集う熱心な檀信徒らの活動によっても広められていたことが明らかになった。

袋中の指導的な関与によって、絵解きの道具となる掛幅絵の制作が進められ、檀信徒らが願主となって奉納するという仕組みには、袋中のある種の戦略が感じられ、袋中に帰依する信仰集団がどのように形づくられ、拡大していったかがうかがえる。軸木には細工がなされ、袋中のみならず、二世団王良仙や願主となった檀信徒、同行人として願主と共に勧進した檀信徒らの名号などが収められていた。そのような細工を経て完成した掛幅絵の制作に携わった絵屋竹坊の絵師もまた、袋中に帰依する集団の一員だったのである。

西寿寺本から法林寺本へ、斜め来迎から正面来迎へという構図の変更も、袋中の意図を反映させるかたちで、絵屋竹坊の絵師によって実現した改変だったと考えられる。西寿寺本や法林寺本といった特異な構図を持つ絵画は、袋中の教えを取り入れたオリジナルとして捉えられるのだ。

特異な構図の絵画が、袋中の指導のもとで編み出されていく。十七世紀の京都では、袋中のような浄土宗の僧侶の活動とそれに帰依する人々の支持によって一つの信仰集団が形作られていった。練供養を描いた一幅の絵画を前に語られるのは、『図記』に記された内容の大部を占める中将姫説話だった。

このような宗教者の歩みと信者らの尽力によって絵画が制作され、その絵画と共に語り広められていった中将姫説話がある一方で、浄土へ想いを寄せ、中将姫と自らの由緒をつなぐ語りも所々に伝来することが最近わかってきた。特に、姫が継母の策略によって遺棄されるという中将姫説話の展開は、さまざまな名所を生み出す契機となった。中将姫説話にまつわる伝承地を訪ね歩いてみると、人々により身近な存在として伝えられた中将姫の姿が見えてくる。

それでは次に、中将姫説話にまつわる伝承地を訪ねながら、そこに生きる人々の伝承に注目してみることにしよう。

三▼中将姫を慕う人々――説話から伝承へ

国境のひばり山

継母の讒言《ざんげん》がきっかけとなり、中将姫がひばり山に遺棄されるという展開は、永享八年（一四三六）の『当麻曼陀羅疏』（以下『疏』）に始まる。先に述べたように、聖聡は『疏』（巻八）で、ひばり山の所在について紀伊国有田郡としつつ、大和国宇陀郡という説もあると述べている。このひばり山の所在をめぐる二つの説は、その後の物語や講説でも併存する形で語り継がれていった（図35・36）。

ひばり山を題材にした謡曲『雲雀山』の冒頭では次のように、ひばり山は大和国と紀伊国の境にあるとされている。

ワキツレ「かやうに候者は、奈良の都横佩の右大臣豊成公に仕へ申す者にて候、さても姫君を一人御持ち候を、さる人の讒奏により、大和紀の国の境なる雲雀山にて失ひ申せとの仰せにて候……」

後の詞書にも、「とにもかくにも古里のよそめになりて葛城や、高間の山の嶺続き、ここに紀の路の境なる雲雀山に隠れゐて……」とあり、作者にとってひばり山が国境の山という認識であったことは確かだろう。

図35　有田の雲雀山

図36　宇陀の日張山（中央にあるのが青蓮寺）

五條市の仲山家

謡曲『雲雀山』の詞章に沿うかのように、奈良と和歌山との県境近くに中将姫を匿《かくま》い、姫の世話をしていたという伝承を持つ家がある。

奈良県五條市田殿町の仲山家である。中将姫を匿い、姫が過ごす間、訪ねてきては食べ物や金銭を恵んでいった人々の記録や勘定をする役割を担ったと伝えられ、勘定仕《かんじょうし》という屋号を持つ。かつて仲山家があった地には「中将姫旧跡／中将姫縁之家勘定仕宅跡」の石碑が建立されてお

図39　恋野の雲雀山の碑

図37　勘定仕宅跡碑

図38　仲山家蔵「観音像」

り（図37）、今も仲山家には、姫からお礼に受け取った姫の念持仏と伝わる小さな観音像が祀られている（図38）。

実は、仲山家のある五條市田殿町は、ＪＲ隅田駅（和歌山県橋本市）の南に広がる雲雀山をはじめとする恋野《こいの》の中将姫旧跡・伝承地群の南東に位置する（図39・40）。ひばり山と言えば、先に述べた『疏』が説くところの奈良県宇陀市の伝承と和歌山県有田市の伝承を想起させるが、和歌山県橋本市の恋野の伝承もまた、いつからか「大和紀の国の境なる雲雀山」の麓に広がる伝説として静かに語り継がれてきた。

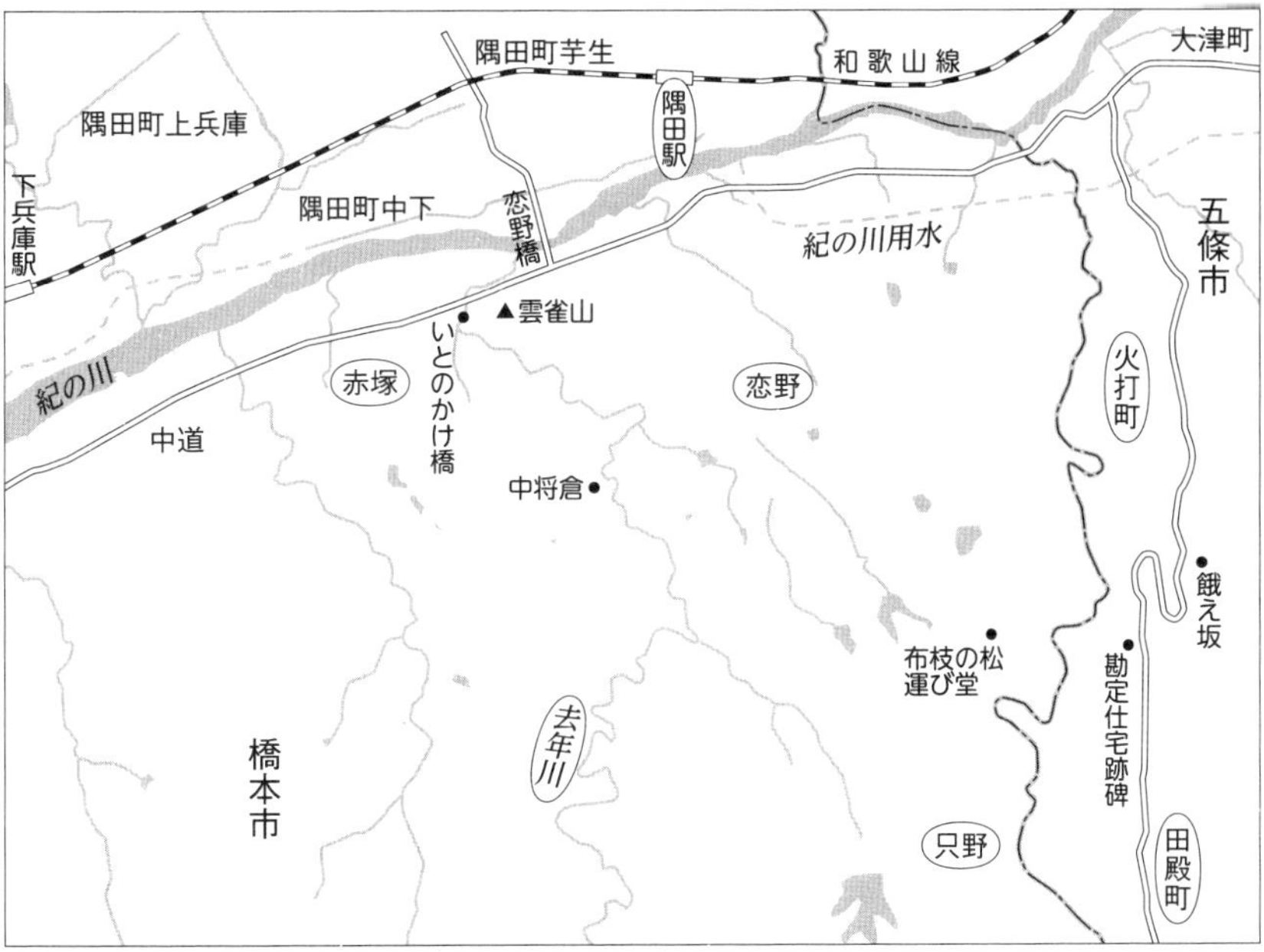

図40　恋野の中将姫旧跡・伝承地群

恋野の中将姫伝承

仲山家の近隣の上山家（五條市黒駒《くろま》町）には、中将姫との縁を説く仲山家の由緒書『和州宇智郡坂合郷田殿邑《むら》勘定仕由来記』が伝来している（図41、以下『由来記』）。要約しておこう。

継母の讒言によって、姫は「紀伊の有田の郡」に捨てられ、春時夫婦の情けによって粗末な庵を結ぶ。やがて春時夫婦が亡くなると都を思って山を出て、紀伊国赤塚村（現在の橋本市赤塚）に辿り着く。その所の谷川を往来する人々が困っているのを憐んで、姫は在地の人々に勧進し橋を架けた。その橋は伊都の郡（現在の橋本市恋野）に架かる橋ゆえ「いとのかけ橋」（図42）と名づけられた。

雲雀山は大和国高市郡（現在の奈良県高市郡）にあり、また赤塚にもあって、これは有田の雲雀山

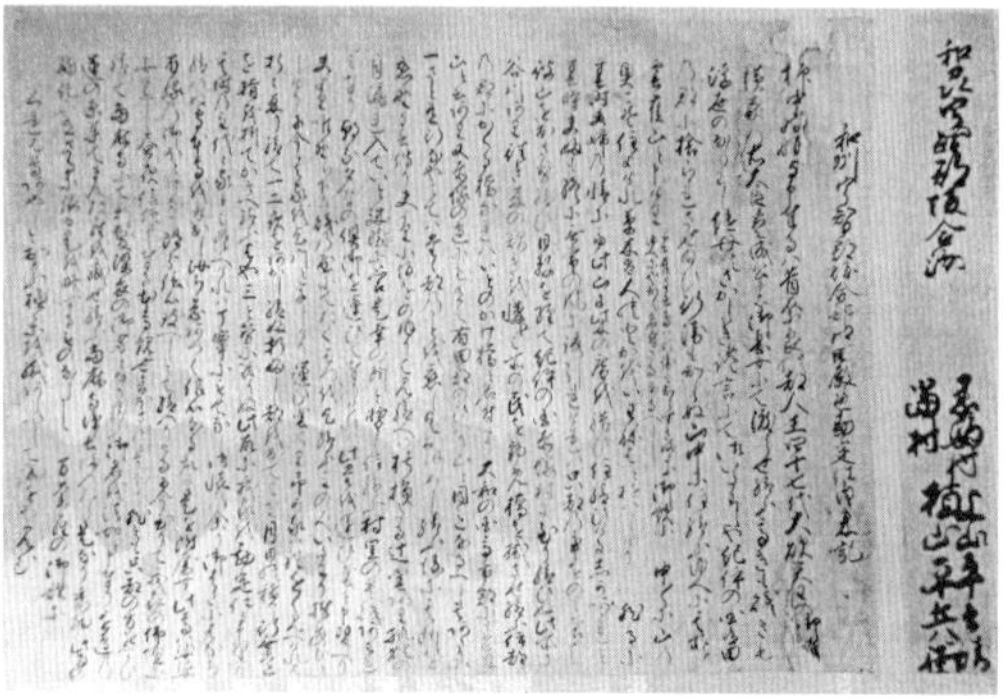

図41　上山家蔵『勘定仕由来記』

図42　いとのかけ橋

図43　運び堂

と称される山と同じ山である。この雲雀山のあたりに一里《ひとさと》があって、姫はただ都のことを恋しく思っていたことから、後にこの地は「恋野」と呼ばれるようになったと伝えられている。

そこから小坂を上ると壊れた辻堂があって、月の光が漏れ入り、それがとても素晴らしく思えて、姫はしばらくそこに住んだ。里の人々は姫を憐んで朝夕食事などを運んだため、この辻堂は「運び堂」と呼ばれるようになった

（図43）。そこから唯野（現在の橋本市只野）へ下って托鉢し、主の人が捧げ物などをした。それよりそこを「乞門《こいもん》」と呼ぶようになった。

運び堂から私の家（仲山家）は程近く、姫は時折来ては一、二夜を明かし暮らしていた。都を出てから月日も経ち、はや三年となった。このような事情で私の家（仲山家）は勘定仕と呼ばれるようになった。

当時は家も栄えていたので姫を丁寧にもてなした。姫は喜び、肌身放さず携えていた守り本尊を取り出し、「心優しく、信心深いあなた方にこの仏をお渡しします。この仏は私の守り本尊です。大切に信心なさってください」と言い、守り本尊を授けた。今も我が家の仏壇に安置し昼夜信仰する本尊観世音菩薩はこれである。

こうして姫は、やがて都を慕って当麻寺で出家し、法名を法如とし、近辺の蓮の糸を集めて曼荼羅を織った。当麻寺の浄土曼荼羅がこれである。詳細はこの寺の縁起にあるので略す。まんだらの御歌に「くれは鳥あやしとおもふ極楽を織あらはして誠をや見む」がある。

この『由来記』には、「有田の雲雀山と称される山と同じ山」とあるが、恋野の雲雀山と有田の雲雀山は実際は別の山である。伝説の拠り所となる山ではある

図44　中将倉の石碑とその絶壁にある岩窟（右）

が、もはや伝承の中ではそれがどの山にあたるかという具体的なことは重視されなくなったのかもしれない。

『由来記』には、仲山家に伝わる観音像の由来と共に、恋野の地名や周辺旧跡の由来についても書かれている。姫は継母の策略によって「紀伊の有田の郡」に捨てられて以降、春時夫婦に助けられるが、夫婦が亡くなってから、当麻寺で出家するまでの間、恋野で過ごしたという。『由来記』には具体的な記述はないが、夫婦が姫を匿い養ったとされる場所は、今日「中将倉」（和歌山県橋本市）という名称で伝わっている。案内板によれば、姫を助けたのは松井嘉《か》藤太《とうた》と妻のお松となっており、絶壁の岩窟に草庵を結び、姫の世話をしつつ、三人で眼下を流れる去年《こぞ》川《がわ》のせせらぎを耳にしながら隠遁生活を送ったという。さらに中将倉は狩りに来ていた豊成との再会の地でもあると伝えている（図44・45）。

また、姫を養い育ててくれた夫婦が亡くなった後、姫が空腹を感じて、食物を乞いに行ったところが乞門屋敷であった。これが仲山家を指すのかどうかははっきりしないが、乞門屋敷へ行くために、空腹の姫が坂道を喘ぎ喘ぎ歩いたことから「餓《かつ》え坂《ざか》」（五條市火打町）という地名も残されている（図46）。

現在、これらの旧跡は、中将姫旧跡保存委員会、橋本市観光協会、五條市教育委員会によって制作された案内板によって中将姫ゆかりの地として紹介されている。

ところで、なぜこの『由来記』が仲山家でなく、上山家に伝えられているのかは、今のところ不明である。だが、仲山家は松井嘉藤太に同伴した武士の末裔の家であると伝えられており、上山家にも同様の伝承があって興味深い。『由来記』の包紙だったと思われる紙の表書には「黒駒村 上山平兵衛／当村 植山平兵衛」とあり、『由来記』は早くから上山家に伝わるものだったようだ。

冷泉為恭　一八二三—六四。幕末期の復古大和絵派の絵師。初名は狩野永恭、後に冷泉為恭に改める。冷泉姓は自ら名乗ったもので、公家の出自ではない。また岡田氏に養子入りしたため、岡田為恭とも呼ばれた。障壁画や白描画、仏画などを数多く残した。

図45　去年川

図46　餓え坂

図47　棚本家本

図48　大阪市美本

図49　中之坊本

このほか、これらの家々から程近い棚本家（五條市火打町）には、冷泉為恭《れいぜいためちか》▲筆と伝えられる「中将姫像」（一幅）が伝来しており、五條市の中将姫伝承の一つとして注目される。

棚本家の中将姫真影

棚本家に伝来する中将姫真影は白描のもので（図47、以下棚本家本）、大阪市立美術館本（図48、以下大阪市美本）とよく似ており、経机の様式や写経用紙の罫線なども同様である。ただし向かって左上に賛があり、この点では当麻寺中之坊本（図49、以下中之坊本）に近いとも言えよう。両者と異なる点は、棚本家本は白描で向かって右下に落款《らっかん》▲が添えられている点である。

残念ながらこの一幅は棚本家に伝来すると思われるものの、現在その所在が確認できないため、落款の詳細は確認できない。どのような経緯で棚本家にこの真影が伝来することになったのかは、今後の史料の発見をまつよりほかは

落款　筆者がかき上げた書画に自筆で署名し、または雅号の印を押すこと。その署名や印。

図50　真影が添えられた「中将姫山居語」の版木（青蓮寺蔵）

ないが、棚本家の真影は地域に中将姫信仰が根づいていたことを示す一つの証と言っても過言ではないだろう。

最近、宇陀の青蓮寺にも中将姫真影が伝存していることがわかった。伝来の経緯については後述するが、貞享元年（一六八四）に書かれた青蓮寺蔵『和州宇多郡日張山青蓮尼寺中将姫真影之記』（以下『真影之記』）によれば、中将姫の姿を描くことは、「一切幽衆及我先亡親属（すべての亡くなった方々や自身の親族）」も皆「浄土勝縁（浄土との素晴らしい御縁）」を結ぶことを意味するという。中将姫真影は、中将姫との縁、さらには浄土との縁を結ぶことを望む人々によって大切に祀られてきたのである。

真影と当麻寺僧の旅

中将姫真影は、しばしば「山居語《さんきよのご》」と共に刷物《すりもの》で確認されることがある（図50）。江戸時代には、中将姫伝承を伝える寺社で授与され、中将姫に心を寄せる人々のもとに広く行きわたったものと思われる。その一方で、大阪市美本などの中将姫真影は、堂内にかけられるほか、勧進の道具として持ち運ばれるものでもあったようだ。

得生寺蔵『当麻寺縁起』（三巻、折本）の巻末によれば、当麻寺護念院第十世の

上：図51　得生寺蔵「得生・妙生夫婦坐像」
左：図52　妙生像の像底部墨書銘（得生寺蔵）

玉誉上人説道生阿《せつどうせいあ》和尚は、人々が中将姫の真影を拝することができるようにと、その真影を持って回国教化の旅に出た。元禄九年（一六九六）秋、中将姫籠居の地と伝わる得生寺に至った生阿は、得生寺が姫を匿《かくま》った伊藤春時（得生）の庵の跡であることから真影を伝え、『当麻寺縁起（享禄本）』を写してこの地に納めることにした。このほか生阿は「縫厳法如ノ像」一幅、得生と妻妙生の木像（図51）を得生寺へ寄進し、この地が中将姫ゆかりの地であることを後世に伝えようとしたという。実際、得生寺に伝存している得生・妙生像にはいずれの像底部にも元禄九年十月八日に当麻寺護念院により寄進されたとの墨書銘がある（図52）。得生寺所蔵の『当麻寺縁起』によれば、生阿は得生寺が春時が妻と共に中将姫を匿っていた場所であると理解し、さまざまな寄進をしており興味深い。

念仏院の名号

当麻寺の僧が教化の旅に出、信仰の拠り所となる寺宝をもたらした例は、このほかにもある。東京都台東区清川にある念仏院（浄土宗）に伝来する六字名号は、中将姫の毛髪で縫い上げられたと伝えられる名号で、当麻寺念仏院二十二世の究諦《くたい》（一五八九―一六三九）

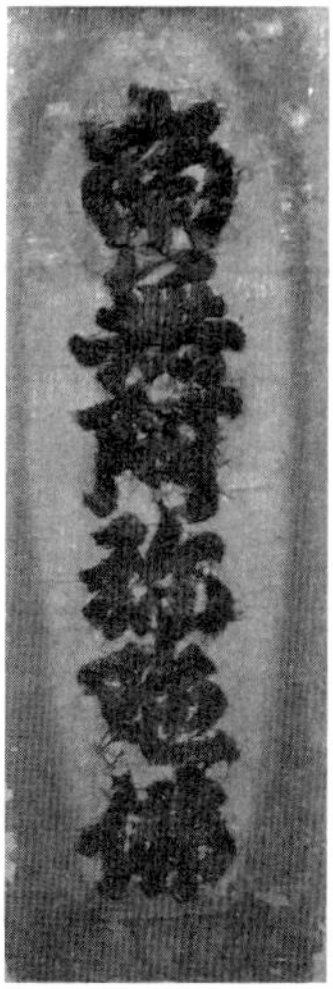

右：図53　念仏院蔵「髪繡六字名号」
上：図54　念仏院の練供養（『東都歳時記』）

によってもたらされたものであることが台東区教育委員会の文化財調査により最近判明し、台東区有形文化財に指定された（図53）。

元禄元年（一六八八）に成立した『蓮門精舎旧詞《れんもんしょうじゃきゅうし》』によれば、究諦は大和国を離れ、江戸で「当麻《たいま》踟供《ねりく》養之《ようの》儀《ぎ》式《しき》」を執行したいという思いから、寛永七年（一六三〇）に浅草の元鳥越（現在の台東区鳥越）の地に念仏院を建立し、寺には当麻寺念仏院から持ち伝えたと考えられる中将姫の御影や姫（法如）直筆の霊宝など、中将姫ゆかりの什物《じゅうもつ》を安置し、さらに念願であった練供養の執行を幕府に願い出たという。

今日、東京で練供養といえば、浄真寺（東京都世田谷区奥沢）が知られているが、念仏院はこれに先立つものと考えられる。天保九年（一八三八）刊行の『東都歳時記』には、念仏院で賑々《にぎにぎ》しく練供養が行われる様子が描かれているが、「近年この行事絶《たえ》たり、おしむべし」とあるように、既にこの頃には練供養は行われていなかったようだ（図54）。本文には「此法会絶てより五十余年に及ぶといふ」とあるから、十八世紀後半には絶えてしまっていたと考えられる。

寛永十年（一六三三）に完成した『当麻寺縁起』（以下寛永本）は、

図55　練供養の場面（享禄本）

当麻寺念仏院の究諦の所望によって制作された。寛永本は、享禄本をもとに制作された絵巻と考えられる。享禄本は、後に寺の要望により下巻巻末に練供養の場面が詞書と共に添えられたことが指摘されている。その目的は、享禄本の詞書にあるように、練供養を描くことにより参詣者の信心を喚起することにあった（図55）。

江戸へ練供養を広めようと尽力した究諦が、練供養の一段が加えられた享禄本をもとに寛永本の制作を懇願したことは興味深い。享禄本を踏襲した寛永本や模写本が制作されていったことは、江戸時代前期の当麻寺の信仰が練供養によっていっそう語り広められていったことを意味していると考えてよいだろう。

ただ、寛永本は全体的には享禄本を踏まえて制作されているが、細かな構図は当麻寺本を参照していることが瀬谷愛氏によって指摘されている。

当麻寺本（図56）は『大乗院寺社雑事記《だいじょういんじしゃぞうじき》』▲延徳三年（一四九一）十月十八日条により、当初から当麻寺に伝来していたことが知られ、本尊に準ずる寺宝として扱われていた。今日、当麻寺は浄土宗・真言宗兼宗の寺として知られているが、瀬谷氏によれば、当麻寺本の図様には、江戸時代初期まで当麻寺の中心的な存在だったと考えられる真言や修験の思想が強く現れているという。さらに、その当麻寺本を参照して制作された寛永本発願者である究諦の属した念仏院が、もと真言

方の中之坊の隠居所であった南別所の後身として、西山義《せいざんぎ》▲が曼荼羅講説のために建立した子院であることも明らかにされている。

究諦が練供養の場面を含む享禄本をふまえながらも、当麻寺本の構図を尊重して寛永本を制作したこと、また江戸へ練供養を広めようと尽力し浅草の元鳥越の地に念仏院を建立したことは、江戸時代初期の当麻寺念仏院の宗教活動として注目できよう。

真影を持って回国教化の旅に出、得生寺を訪ねた生阿は護念院の僧だった。護念院はもともと高野聖《こうやひじり》▲の居所だったという。瀬谷氏の研究では、当麻寺本の制作に念仏院や護念院の前身となる別所▲や真言系の聖が関与した可能性が指摘されている。これらの子院（またはその前身）が担っていた宗教活動や経済活動がどのようなものであったかは、具体的な事例も少なく、ほとんど実態が掴《つか》めていない。

ひばり山をめぐる中将姫説話を各地に誰が伝えたのか、その担い手の問題については、宮崎圓遵氏や五来重氏によって、宇陀や熊野街道で唱導を行う説経師の存在が指

図56　当麻寺蔵『当麻寺縁起』（当麻寺本）

摘されている。しかしそうした唱導者とは別に、当麻寺の僧がどのような活動を展開していたかについても、今後さらに検討していく必要があるだろう。

家の伝承と中将姫

さて、話を戻そう、先に述べた五條市の個人宅に残された由緒書や観音像、真影は大和と紀伊の境に残された伝承の欠片《かけら》である。中将姫を匿ったとされる一族の伝承は、五條市のほか、奈良県曾爾《そに》村山粕《むらやまがす》の阿《あ》片家《がたけ》にも類似した形で残されている。▲しかし、阿片家にこの口伝を裏付ける史料は現存しない。

また、株式会社ツムラの創業者である津《つ》村重舎《むらじゅうしゃ》（一八七一―一九四一）の母方の実家である藤村家（現在の奈良県宇陀市榛原《はいばら》町）にも、家伝として語り継がれる中将姫伝承がある（図57）。株式会社ツムラのホームページには次のようにある。

> 中将姫が家を出て最初に身を寄せたのが、初代・津村重舎の母方の実家・藤村家といわれ、それを契機に交流が始まりました。中将姫は当麻寺で修行していた頃、薬草の知識も学び庶民に施していましたが、その処方を藤村家にも伝え、それが藤村家家伝の薬・中将湯となったということです。

『大乗院寺社雑事記』　興福寺大乗院で室町時代に門跡を務めた尋尊・政覚・経尋が三代にわたって記した日記。

西山義　法然の弟子証空を祖とする浄土学の一流派。中世には鎮西義と勢力を二分した。

高野聖　中世に高野山を本拠として活動した宗教者。勧進と呼ばれる募金活動のために勧化、唱導、納骨などを行った。その教えは念仏を中心とするものだった。

別所　仏教寺院の本拠地を離れた所に営まれた宗教施設。また、聖（僧侶）が寺院周辺などに集まって修行するために庵や仏堂を設けた場所。

阿片家の伝承　奈良県宇陀郡曾爾村山粕の阿片家の伝承として『曾爾村史』に「大字山粕に阿片という姓の家がある。もと県と書いた。……中将姫が日張山にかくまわれた時にあがた家の先祖が姫を守護したという」とある。現当主は父万平氏からその伝えを聞いているが、それに関する史料は存在しないという。村史の記述は、万平氏への聞き取りをもとにまとめられている。

藤村家は、中将姫が捨てられた場所の一つと伝えられる宇陀の日張山《ひばりやま》の麓にあった。ホームページではこのほかにも具体的に家の伝承が記されているが、これに関する由緒書などの存在は確認されていない。明治時代に口伝で伝わっていたもので史料などは特にないという。津村重舎自身が聞き知った話を拠り所としているようだ。

また、近年田中美絵氏が紹介された、和歌山県有田市糸我《いとが》の頭百姓、児島新太夫が安永四年（一七七五）に記した「児島新太夫置《おき》文《ぶみ》」▲（以下置文）も、中将姫説話と家伝について考えるうえで非常に興味深い史料である。置文は子孫のために書き留められたもので、そこには、中将姫が糸我の雲雀山にいた頃、糸我荘内の十二人の年寄全員が中将姫から一首ずつ和歌を賜ったとある。児島新太夫の先祖は、この十二人の年寄の一人であったという。後述するように、有田市糸我町には中将姫説話を伝える得生寺やゆかりの旧跡がある。

彷徨う姫君を助ける家々が大和国から紀伊国に点在する。時にそのお礼に姫が残していった遺物は、今もその家の家宝となり、伝承の拠り所として大切にされている。モノがなくても、中将姫の存在が家の由緒とつながりを持って語り継がれてきた事実は、人々にと

図57　引札「中将湯」

って姫が身近に感じられる存在だったことの証とも言えよう。

図58　街道沿いの看板

紀伊の得生寺と中将姫

熊野街道の西方にある雲雀山《ひばりやま》得生寺（和歌山県有田市糸我町中番《なかばん》）は、中将姫ゆかりの寺として知られる（図58）。寺の開山堂には、中将姫と姫を匿い育てた春時夫妻の坐像が安置されているほか、中将姫作とされる「蓮糸縫三尊」、中将姫筆とされる『紺地金泥三部経』、『称讃浄土経』などが伝存している。

毎年、当麻寺の練供養と同日である五月十四日には「二十五菩薩練供養会式」が執行され、夕刻、地域の小学生が二十五菩薩に扮して開山堂から本堂まで架けられた来迎橋を渡御する（図59）。『日本九峯修行日記《にほんきゅうほうしゅぎょうにっき》』▲文化十五年（一八一八）四月の条には、著者の野田成亮《のだしげすけ》が得生寺で練供養があることを知り、寺を訪ねたことが記されており、昼時から始まった練供養では、「寺の玄関より本堂迄《まで》の間、金折りに十二三間の廻廊を掛けたり」とあって、式は「和州当麻寺の通り」だったという。「役者は十二三計りの子供」とあって、今と変わらない様子がうかがえる。

置文　一族や子孫に対して、現在および将来にわたって遵守すべきことを書き記した文書。

『日本九峯修行日記』　江戸時代の修行僧（山伏）だった野田成亮（一七五六―一八三五）による文化九年（一八一二）十月八日から文政元年（一八一八）十二月四日までの六年二か月にわたる回国記録。

五来重氏は、得生寺について「正面の堂に中将姫をまつり、その遺品と称する写経の経巻や机や硯を陳列し、縁起もならべられている。一見して唱導の寺であったことがわかる」とし、「恒久的な橋がかりも出来ていて、すべてが中将姫会式を中心につくられている」と指摘している。

図59　雲雀山ふもとにある得生寺の練供養

得生寺と雲雀山旧跡・伝承地群

得生寺について確認されている史料は、いずれも江戸時代以降のものである。元禄二年（一六八九）に成立したとされる『紀南郷導記』（巻二）は、得生寺について、横佩右大臣豊成公の息女であった「中将ノ内侍」が十三の時、継母の讒言によって雲雀山別所の谷に籠居していた際、随身《ずいじん》だった刑部《おさかべ》春時がこの地に滞在し姫を養育したと伝えている。春時は後に剃髪して得生と改名し、やがて往生した。その庵が得生寺であるという。さらに旧跡として、中将姫

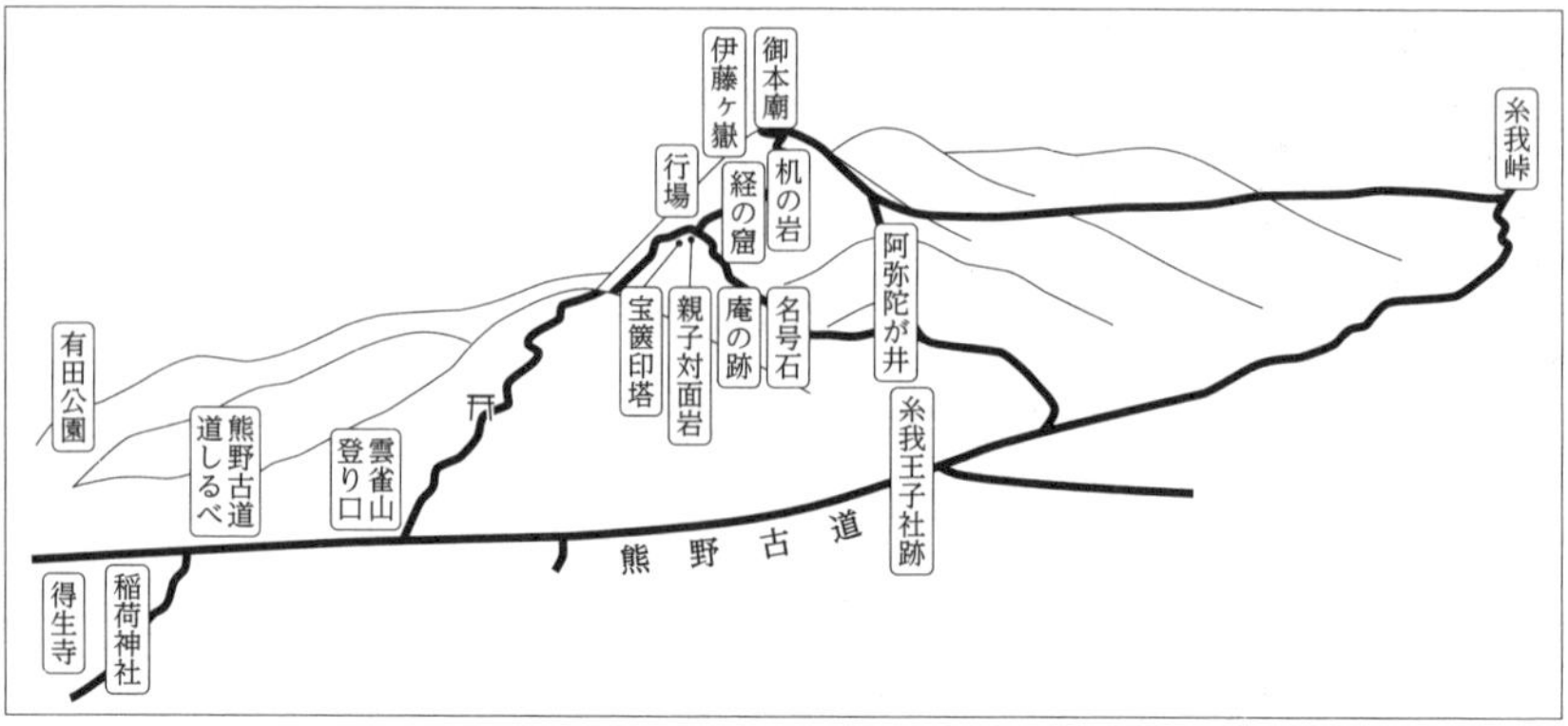

図60　得生寺と雲雀山の中将姫旧跡・伝承地群

が『称讃浄土経』を書写した「机岩」や『称讃浄土経』を納めた場所「経ノ窟」、姫の命を助けた場所「伊藤ヶ嶽」などを挙げるほか、会式について記している。「机岩」などの旧跡は、雲雀山の山中に今もある。「伊藤ヶ嶽」は雲雀山の山頂で標高一九六・七m。今は同所に御本廟があり、中将姫の石仏を祀っているという（図60・61・62）。

『紀伊国名所図会』▲（後編巻二）によれば、街道沿いの得生寺には、熊野への参詣者が多く訪れ、春時夫婦の木像を拝し、縁起に耳を傾けていた（図51）。また寺から見える雲雀山は、姫君が三年住んだ所と伝えられ、旧

上：図61　伊藤ヶ嶽と御本廟
下：図62　経の窟

跡は多いが、高い峯であるため登る人は稀であるという。
得生寺の略縁起『雲雀山中将法如縁起』（版本七丁、刊年未詳）の表紙には、得生寺と雲雀山の旧跡などが描き込まれている（図63）。このような略縁起は、街道を行きかう人々に授けられたのだろう。得生寺の由緒と共にこれらの雲雀山の旧跡群も広く知られることになったに違いない。

『中将法如御一代画伝』の魅力

得生寺には、中将姫の誕生から往生までを二十一の場面に描いた『中将法如御一代画伝』（一巻、二八・八×八六二・六cm、以下得生寺本）が伝存する。文末に「白玉斎画（印）／文政十三年庚寅閏三月中旬」とあり、文政十三年（一八三〇）に白玉斎により描かれたものであることがわかる。近年、この白玉斎が和歌山県立博物館蔵「本居大平像」を描いた金原白玉斎《きんばらはくぎょくさい》▲であるとの指摘がなされている。

成立時期としては下るものの、得生寺本は「中将姫絵伝」の中でも特異な内容を持つ。姫の誕生から往生までを二十一の場面に描き、場面の説明を簡潔に記した詞書

図63　『雲雀山中将法如縁起』

『紀伊国名所図会』　初編と二編（高市志友編）は文化九年（一八一二）、三編（加納諸平編）は天保九年（一八三八）、後編（加納諸平・神野易興編）は嘉永四年（一八五一）に、それぞれ刊行された。

金原白玉斎　生没年未詳。名は文礼、字は内記、通称弥三郎。白玉斎は号。住吉派の画をよくし、肖像画を得意とした。

がそれぞれに添えられている。豊成夫婦が長谷観音に祈り、姫が誕生するという話の始まりから、蓮糸で曼荼羅が織り上げられるまでの流れは、概ね享保十五年（一七三〇）に刊行された『中将姫行状記』（以下『行状記』）に拠っているが、姫八歳の折、参内し歌を詠んだところ、たちまち大風が止み、病気も平癒した話（第六段、図64）や、継母の命令によって姫が葛城山に運ばれる途中、異形の者が現れて乗り物を奪い取った話（第七段、図65）のように、先行する説話や縁起を参照したのではないかと思われる箇所もある。また、「覗《のぞき》が岩屋」（夫婦が姫を匿い養った場所）という地名も組み込まれている。

　得生寺には、縁起として『得生寺記▲』と『雲雀山縁起▲』が伝来しており、前者が寺伝としては現在最も古いものと思われる。得生寺本は、多くをこの二書に負っている。しかし、得生寺本には両者には見られない話も含まれている。なかでも、熊野参詣の際、紀州有

『得生寺記』　得生寺蔵、写本一巻。成立年代は不明であるが、田中美絵氏は、『得生寺記』に注釈がつけられた同題のものが『糸我郷土誌』に掲載されており、末尾に「宝亀六［七七五］年ヨリ明和元甲申［一七六四］歳迄九百九十年ニ成ル」とあることから、それ以前の成立かと推定されている。本文は『中将姫説話の調査研究報告書』参照。

図64　『中将法如御一代画伝』第6段

図65　『中将法如御一代画伝』第7段

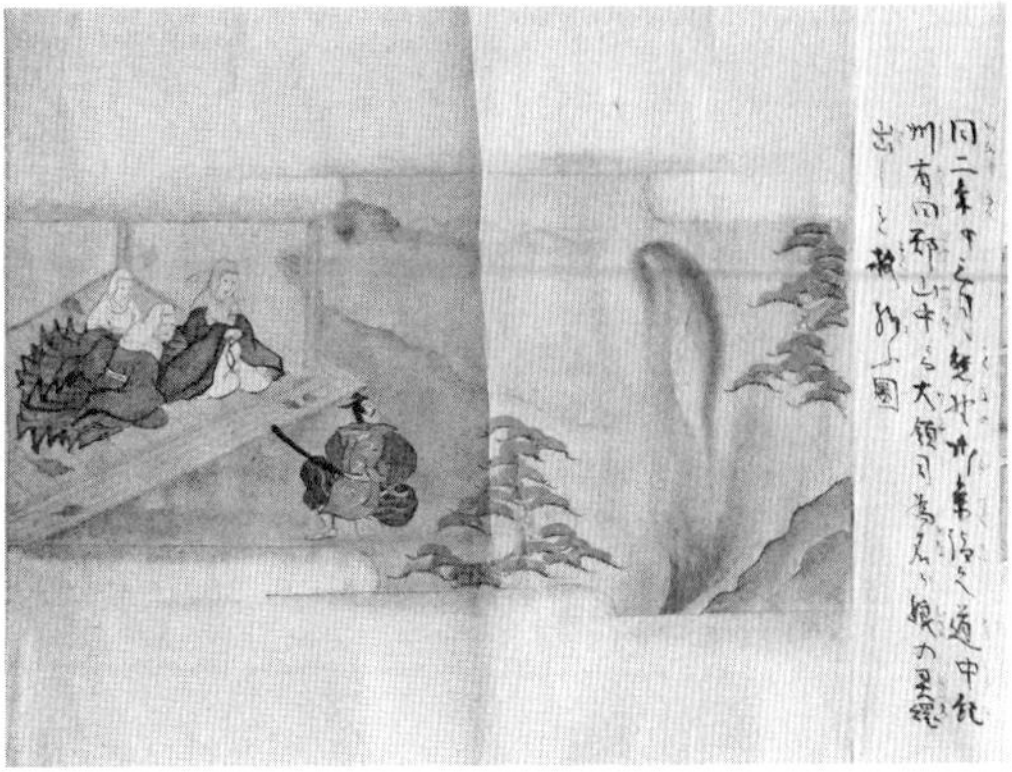

図66 『中将法如御一代画伝』第17段

図67 『中将法如御一代画伝』第20段

田の山中で大領司為名《だいりようじためな》の娘の霊魂が現れ、救済した話（第十七段、図66）や肥後国蘇《そ》根県主《ねのあがたぬし》藤雄《ふじお》が難風に遭遇したため、姫から授かった御経を沈めたところ危難を逃れることができたという話（第二十段、図67）は、姫の聖性をわかりやすく示した霊験譚として興味深い。

『得生寺記』や『雲雀山縁起』にはなかったこのような話がどのような過程で絵巻に添えられることになったかは、現在確認されている史料では十分に検討することが難しい。今後、江戸時代の中将姫説話の諸相がより具体的に検討されることにより、研究の進展が期待される。

『雲雀山縁起』 得生寺蔵、写本一巻、文化八年（一八一一）成立。本文は『中将姫説話の調査研究報告書』参照。

図68　青蓮寺

四▼尼寺へ集う人々——説話から広がる信仰

宇陀の青蓮寺と中将姫

聖聡が『疏』で記していたように、中将姫が継母の策略によって捨てられた場所とされるひばり山は、紀伊国有田の雲雀山のほかにもう一つある。大和国宇陀の日張山である。有田では得生寺がそのゆかりの地として伝えられるが、宇陀の日張山の頂《いただき》の程近くにある青蓮寺（奈良県宇陀市菟田野《うたの》宇賀志《がし》）も中将姫ゆかりの古刹《こさつ》として知られている（図68）。

青蓮寺は開山を中将姫とし、中将姫を匿い養った武士の妻（如春尼）を初代住職とする尼寺である。集落と離れ、緑に包まれた青蓮寺にいると、しばしば時を忘れ、御堂を覗けば中将姫に会えるような気持ちになってしまう。

延宝九年（一六八一）八月に制作された『日張山青蓮寺縁起』は青蓮寺の由緒を伝える縁起絵巻で、今は奈良国立博物館に寄託されている（図69）。上柱国定の奥書によれば、所蔵していた縁起の旧本が破損したため、再び詞書を安井門跡の道恕《どうじょ》▲に、挿絵を門跡の侍童だった法橋《ほっきょう》雪俊に依頼し完成させたという。雪俊が「図画」を手がけたとするならば、旧本もやはり絵巻だったということになるが、残念ながら現存しないようだ。

実は青蓮寺には、この絵巻が制作されるわずか一ヶ月前に制作された縁起一巻が伝存している（図70）。奥書は、延宝九年七月に、後西《ごさい》天皇（一六三七―八五、在位一六五四―六三）の第四皇子で後に実相院門跡《じっそういんもんぜき》の門主《もんしゅ》となった義延親王《ぎえんしんのう》（一六

道恕　一六六八―一七三三。仁和寺蓮華光院で出家し、法印大僧都、安井門跡に入る。元禄五年（一六九二）に大僧正、享保三年（一七一八）に東寺長者。狩野永納に画を学び人物花鳥画をよくした。能書家でもあり、『元興寺別院極楽坊縁起』や『大和国添下郡右京薬師寺縁起』の詞書も書いている。

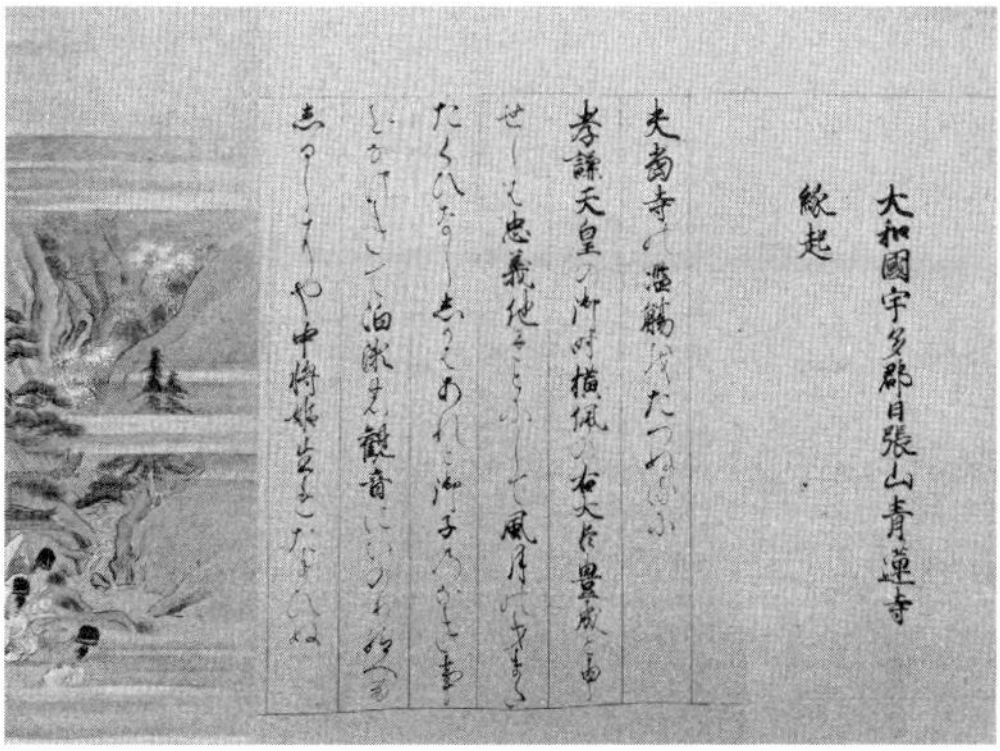

図69　『日張山青蓮寺縁起』延宝９年８月

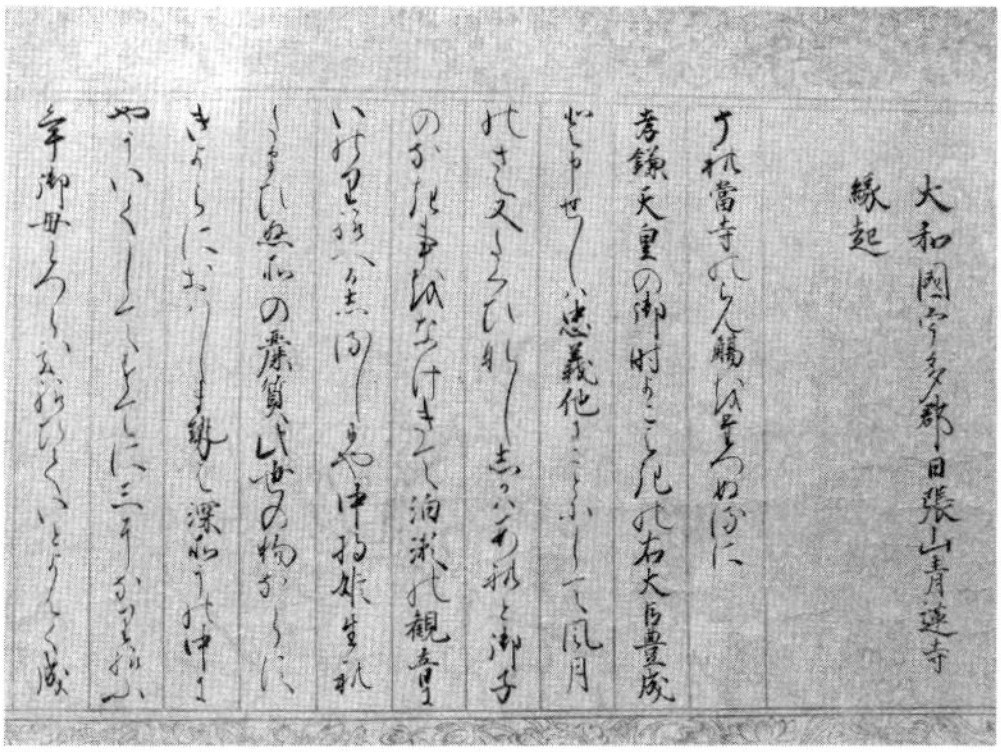

図70　『日張山青蓮寺縁起』延宝９年７月

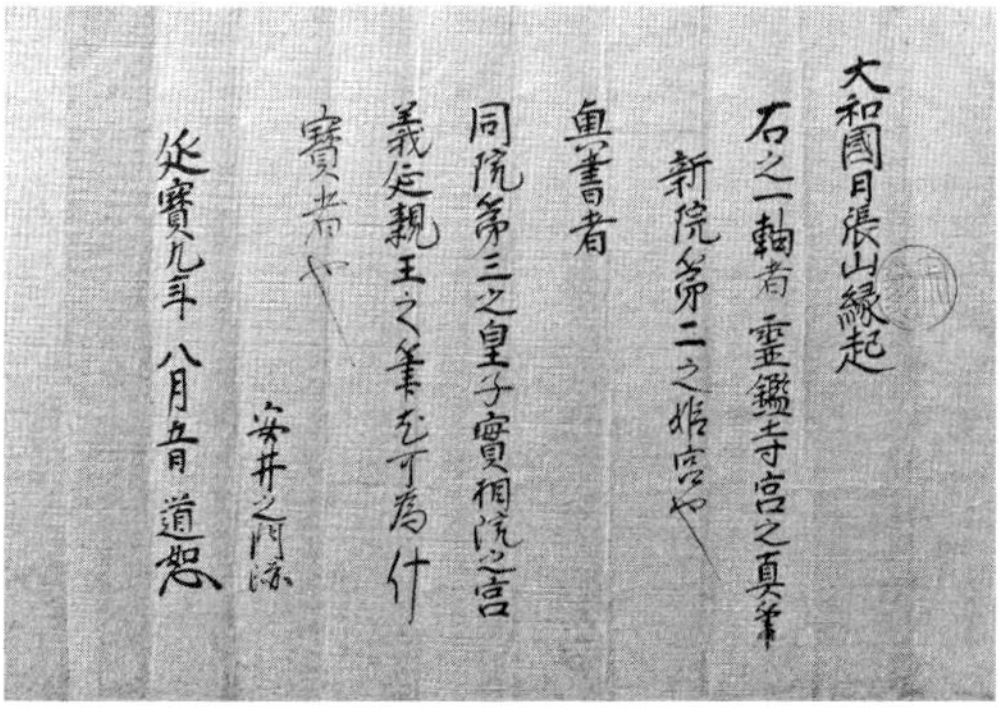

図71　鑑定書

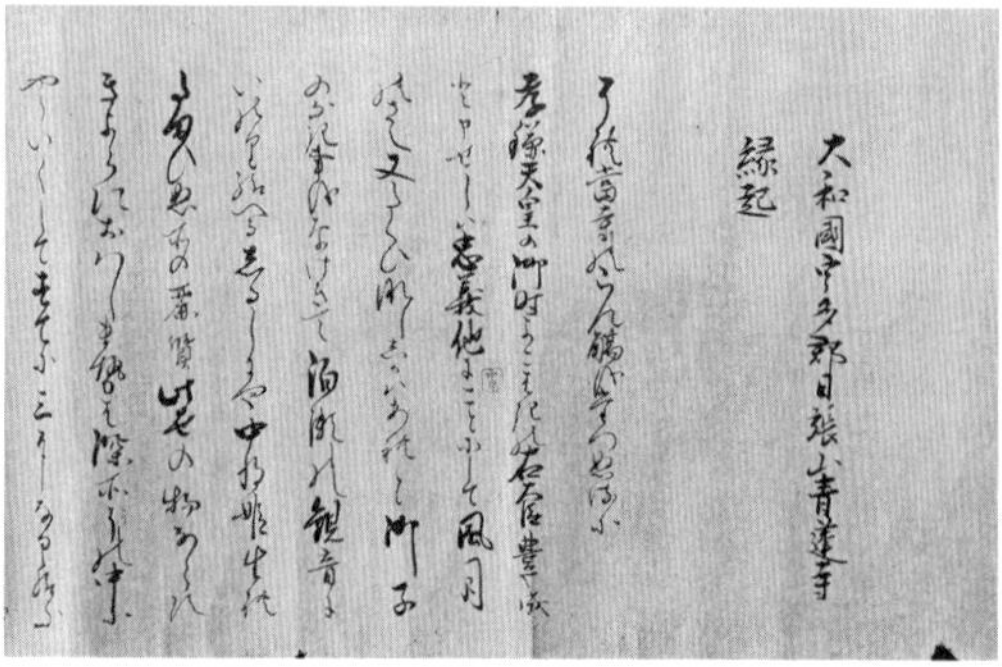
大和國宇多郡日張山青蓮寺
縁起

図72　『日張山青蓮寺縁起』

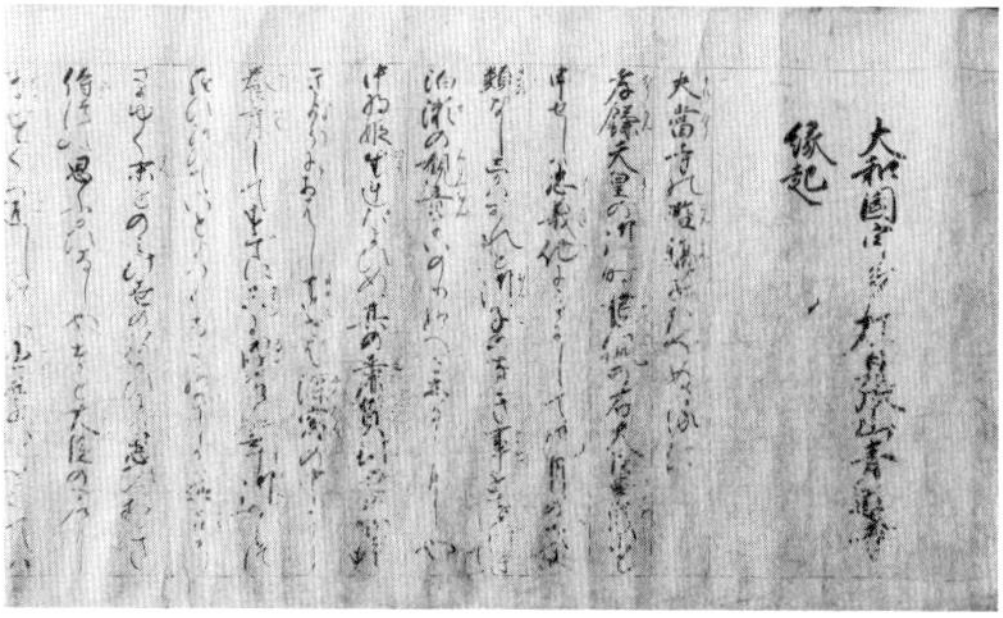
大和國宇多郡日張山青蓮寺
縁起

図73　『日張山青蓮寺縁起』

六二―一七〇六）により書かれたもので、「旧来相伝」の縁起の破損が著しかったため、詞書は護持院《ごじいん》の僧恵隆《けいりゅう》の求めに応じて霊鑑寺《れいがんじ》の比丘尼が書写したという。

霊鑑寺は、後水尾天皇の皇女月江宗澄《そうちょう》（一六三九―七八）を開基として承応三年（一六五四）に創建された尼門跡寺院▲である。縁起の制作年から、詞書の筆者は、後西天皇の皇女で、霊鑑寺二世中興とされる光山宗栄《そうえい》（一六五八―一七二二、入寺一六七九）と考えられる。

さらにこの縁起には、延宝九年八月五日に道恕により記された鑑定書（極書）が添えられている（図71）。道恕といえば、先に挙げた同年八月に制作された絵巻の詞書を書いた人物であり、この日付からも絵巻が制作された際に鑑定書が添えられたと考えられる。

挿絵の有無や奥書に違いはあるものの、絵巻の詞書とこの縁起の詞書には特に異同は見られない。内題の書き方なども一致している。後者の宮比丘尼により詞書が記されたという縁起には、その詞書のみを写した一巻も伝来している（図

尼門跡寺院　皇女や王女、あるいは公家や将軍家の息女が入寺した寺院。中、近世には「比丘尼御所」や「尼御所」と呼ばれた。そこでは皇室ゆかりの御所文化が育まれ、独特な信仰と文化が形成された。現在残っているのは京都七寺（大聖寺、宝鏡寺、曇華院、光照院、林丘寺、霊鑑寺、三時知恩寺）と奈良三寺（円照寺、中宮寺、法華寺）の十ヶ寺。

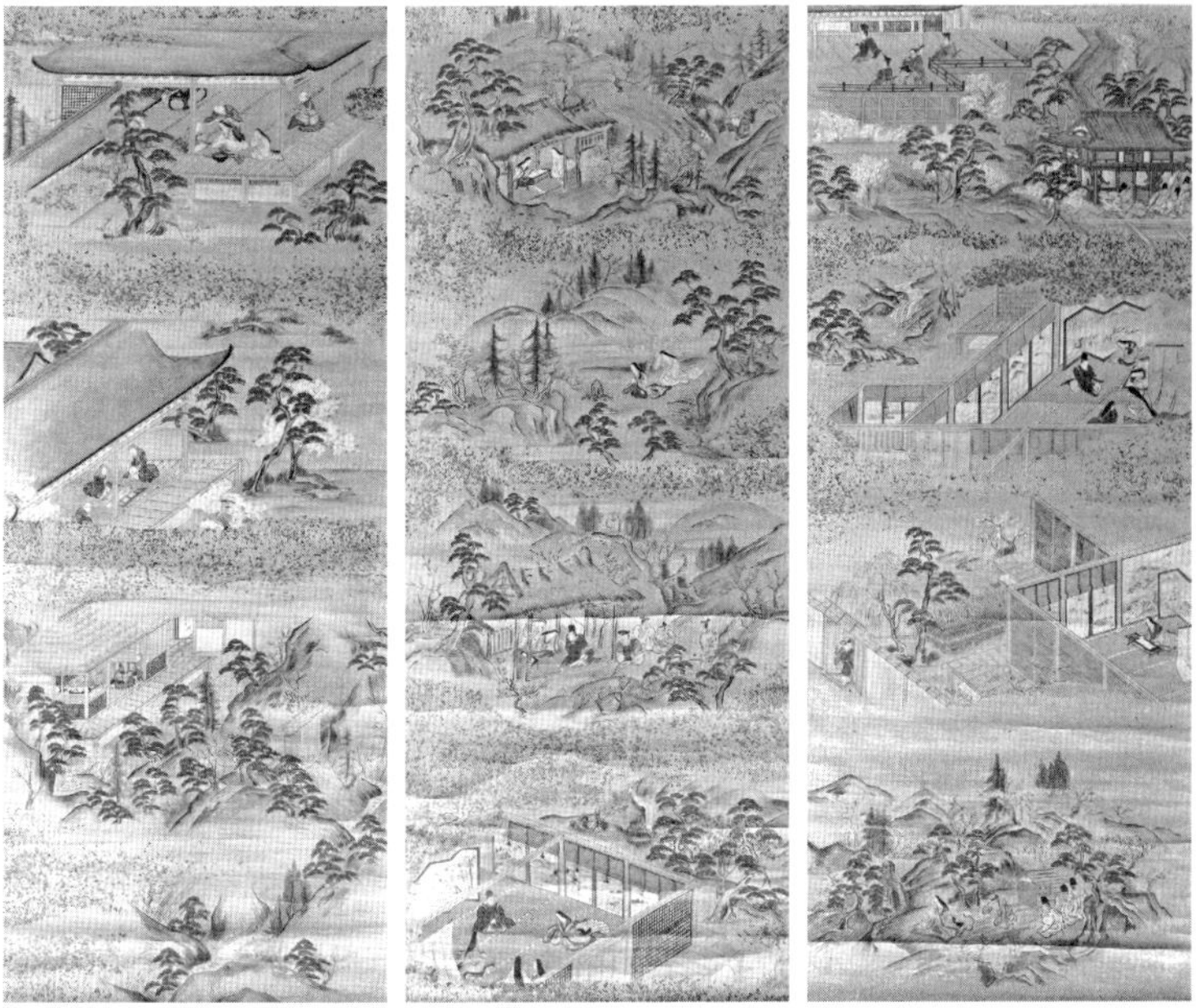

図74　『中将姫御画伝』

72）。義延親王の奥書があり、やや薄様の料紙に書かれていることから、縁起の副本として制作されたのかもしれない。

　このほかにも、奥書のない詞書のみの縁起一巻が伝来している（図73）。本文は先に挙げた縁起三点と同様で、特に異同は見られず、内題の書き方に至るまで一致している。当縁起には全体的に読みが付されており、詞書の文字が擦れるなど傷《いた》みが著しい。実際に使用されることが多かったためだろう。

　以上の四点が現在確認されている主な巻子本の縁起である。このほか青蓮寺には、宝暦十三年（一七六三）に長井家の娘可濃《かの》によって納められた『中将姫御画伝』（三幅、図74、以下青蓮寺本）が伝来している。

絵巻・絵伝のメッセージ

　青蓮寺本は、先に挙げた延宝九年（一六八一）八月に制作された『日張山青蓮寺縁起』の挿絵のみを掛幅装に仕立てたものである。絵巻の計十一場面は、青蓮寺本の一幅目の上から順に四場面、二幅目も上から順に四場面、三幅目も上から順に三場面と、そのまま描かれている。まずは、絵巻と青蓮寺本に描かれている場面を確認しておこう。

第一図　豊成が長谷寺へ参詣する場面。
第二図　姫三歳、母が病床に臥して亡くなる場面。
第三図　姫七歳、称讃浄土経を読誦する場面（継母の策略を意味する戸口の男君の姿も描く）。
第四図　姫、経を読誦する場面。
第五図　姫を支え見守る武士夫婦と姫が称讃浄土経を書写する場面。
第六図　武士が亡くなり、姫と武士の妻が石を集めて印（武士の墓）とし、菩提を弔う場面。
第七図　姫と豊成が再会する場面。
第八図　都に戻り発心修行を願う姫が父との別れを覚悟する場面。
第九図　姫が当麻寺で剃髪する場面。
第十図　曼荼羅を開こうとする場面（講説をしようとするところか）。
第十一図　日張山の御堂での勤行《ごんぎょう》場面（武士の五輪塔と無常橋も描かれる）。

絵巻および青蓮寺本の特徴は、中将姫自身の生涯をたどるところにある。当麻寺奥院蔵『中将姫絵伝』(四幅、以下奥院絵伝)や中之坊本は、『行状記』と重なる場面を描いており、その関係性が指摘されているが、青蓮寺本は絵巻と共に、ほかの絵伝や絵巻にはない日張山独自の特徴的な場面を多く含んでいる。

青蓮寺本では、第四~七図、第十一図が日張山の場面として描かれており、全図の約半分を占める。また青蓮寺本には、ほかの絵伝に見られるいわゆるお家騒動などの当世風の改作がほとんど見当たらない。また、枠書《わくがき》などによる場面説明の書き込みもない。通常は複数の場面にわたって描かれる曼荼羅を織り上げる場面は一場面のみで、機織りで観音の化身が曼荼羅を織り上げる様子も描かれておらず、曼荼羅を開こうとする様子のみが描かれている点なども特徴として挙げられよう。本来の説話のクライマックスともいうべき聖衆来迎、中将姫往生の場面(練供養につながる場面)の描写が全く見られない点も注目できる。

これらのこととあわせて考えるべきは、最後が日張山での勤行風景の場面で締《し》め括《くく》られている点、武士の死を弔う場面で絵巻の詞書に「石をあつめてしるし(集)(印)」としたとあるように印の石が描き込まれている点、姫を匿い、助けた武士の墓である五輪塔や境内の無常橋が描かれている点である(図75・76)。

青蓮寺で伝えられる縁起は、他の中将姫説話で印象的に語られ、描かれることの多い曼荼羅織成や中将姫の往生の場面よりも、青蓮寺と中将姫のつながりを伝

図75　上：石を集めて印とし、武士を弔う様子
中：日張山での勤行の風景と五輪塔
下：無常橋

図76　上：青蓮寺境内の嘉藤太の墓と伝わる五輪塔（左）と名号碑（中央）
下：無常橋

えること、それに付随して語られる境内の旧跡やその来歴を説くことを重視していることがわかる。

寛永七年の大火

青蓮寺については、中将姫説話を研究するうえできわめて重要な寺院であるものの、十六世紀以前の状況を伝える史料は確認されていない。また先に挙げた絵巻などの一部を除き、所蔵史料が知られておらず、寺史については不明とされる点が多かった。しかしながら、近年調べを進める中で少しずつ青蓮寺の寺史が明らかになってきた。ここでは、延宝九年（一六八一）に制作された絵巻および宝暦十三年（一七六三）に奉納された絵伝の制作背景について考えつつ、当時の青蓮寺をめぐる状況を整理し、青蓮寺へ集う人々が中将姫をいかに想い、信仰していたかについて見ていくことにしよう。

現在、寺史を伝える最も古い記事は、青蓮寺蔵『中将姫行状聞書』（写本三冊、以下『聞書』）に見える寛永七年（一六三〇）十二月の大火の記事である。『聞書』は奥書から、寛永十年に当時住職だったと思われる清寿により書写されたものと見られる。

> 終《つい》に聞書出来《いでき》し候。右の一通、当日張山へ寄附し給ひ法庫に秘せし所に、寛永七年庚午《こうご》十二月成るに、青蓮寺焼失の砌《みぎり》、火中の塵成《ちりとなり》にけり。現住尼清寿《げんじゅうのあませいじゅ》□□して悲歎《ひたん》の餘りおもへらく、右聞書の故本、近国蘭若《らんじゃ》▲の中に無き事よにあらし、何とぞ尋出《たずねいだ》し書写せばやと、た□因寺々に至んといへども求得《もとめえ》ず、嗟乎《ああ》悲しきかな、当山の旧記《きゅうき》を失ひし事、是全予《これまったくよ》か罪ならずや、責《せめ》て証《あかし》なれ記憶せし儘《まま》、筆に残さんかなと心願《しんがん》かけぬれば、いつともなく此三冊に成ぬ。［中略］于時《ときに》寛永十癸酉《きゆう》仲秋　日張山青蓮寺　現住清寿比丘尼謹誌。

蘭若　人里離れた仏道の修行に適した閑静な場所。寺院。

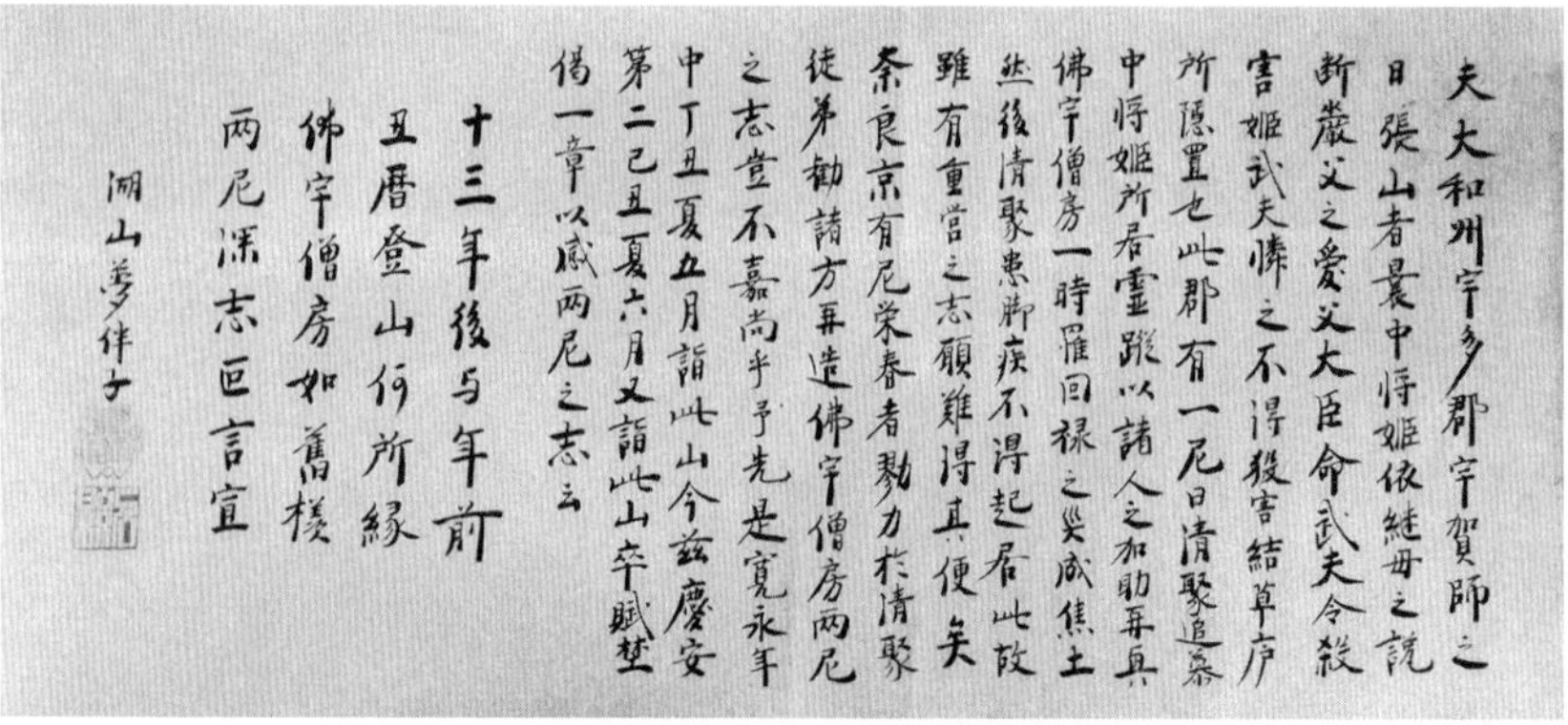

夫大和州宇多郡宇賀師之
日張山者曩中将姫依継母之讒
断厳父之愛父大臣命武夫令殺
害姫武夫憐之不得殺害結草庵
所隠置也此郡有一尼曰清聚追慕
中将姫所居霊蹤以諸人之加助再興
佛宇僧房一時罹回禄之災成焦土
然後清聚患脚疾不得起居此故
雖有重営之志頗難得其便矣
奈良京有尼栄春者勠力於清聚
徒弟勧請方再造佛宇僧房両尼
之志豈不嘉尚乎予先是寛永年
中丁丑夏五月詣此山今茲慶安
第二己丑夏六月又詣此山卒賦埜
偈一章以感両尼之志云
十三年後与年前
丑暦登山何所縁
佛宇僧房如舊様
両尼深志叵言宣
湖山夢伴子

図77　青蓮寺蔵『日張山賦』

『聞書』がまとめられた経緯について記されている。ここでは寛永七年（一六三〇）十二月に青蓮寺が焼失したとあることに注目したい。当時火災があったことは、慶安二年（一六四九）に記された青蓮寺蔵『日張山賦』（一巻）でも確認できる（図77）。

これによれば、夢伴子《むばんし》は、寛永十四年（一六三七）五月に日張山を訪れ、ある尼からこんな話を聞いたという。清聚が中将姫を追慕し、この地で人々と力を合わせて（荒廃していた）仏堂や僧房を再興したが、火災により焦土と化してしまった。その後清聚は足を患い、再興することを願いながらも難しくなった。そこで奈良の栄春が清聚の徒弟と力を合わせ、諸方に呼びかけ、仏堂や僧房を再び造立した。清聚と栄春の志をどうして喜ばないでいられようか。夢伴子は、慶安二年に再び日張山を訪ね、この両尼の志に感銘を受けて漢詩を詠んだ――。

夢伴子は、江戸時代初期の臨済宗の僧である天祐紹杲《てんゆうしょうこう》▲のことと思われる。火災は、おそらく寛永七年の火災を指すと推察され、この火災以前にも、中将姫を追慕する尼僧らの尽力によって、青蓮寺は荒廃と再興を繰り返していたようだ。夢伴子の漢詩に「仏宇《ぶつう》僧房《そうぼう》如旧様《きゅうようのごとし》」とあるように、少なくとも慶安二年には再興し、境内は再びもとの姿を取り戻していたよう

天祐紹杲　一五八六―一六六六。万江宗程に師事し、寛永二年（一六二五）に大徳寺第百六十九世となる。大徳寺では梅巌院や大徳寺の南庭を作庭したと伝えられ、墨跡でも名を残した。

である。

　寺史について具体的に把握できるのは、『聞書』に残された寛永七年の大火の記事以降であり、それ以前については今のところ未詳とせざるを得ない。『聞書』によれば、当時の住職は清寿であったと推察され、『日張山賦』の清聚と同一人物と思われる。とすると、清寿は中将姫を追慕し、荒廃した青蓮寺の仏宇や僧房を再興し、大火の後は『聞書』をまとめ、寺の由緒を後世に残そうとするなど、寺のために尽力した人物であったということになる。

　清寿については、青蓮寺の過去帳に「承応《じょうおう》元壬辰《じんしん》（一六五二）十二月／林誉清寿大姉／当山中興開山」とあり、まさに「中興開山」と伝えられる人物だった。大火の後は、栄春と清寿の徒弟らにより寺の仏堂と僧坊は再興され、青蓮寺は再び中将姫の旧跡として息を吹き返すのだが、その後も青蓮寺は荒廃と再興を繰り返すことになる。

青蓮寺と慶恩寺

　夢伴子が慶安二年（一六四九）に再び日張山を訪ね、この両尼の志に感銘し漢詩を詠んで以降、三十年ほどの間の青蓮寺の状況を伝える史料はほとんど確認できない。しかし、知恩院五十三世順真《じゅんしん》大和尚から下賜された青蓮寺蔵「当麻曼茶羅」（奈良国立博物館寄託）には独湛性瑩《どくたんしょうけい》▲による「南無阿弥陀仏」の宝号と偈賛が金泥書されており、裏書には、宝暦十三年（一七六三）秋、青蓮寺に当麻曼茶羅が納められるに至った経緯が「葛西西蓮寺」（現在の東京都江戸川区東小松川か）の住職だった円叔によって記されている（図78・79）。

それによれば、いつからか荒廃していた青蓮寺は、円叔の祖父である慶恩寺の顕誉《けんよ》によって堂宇が補修されたという。顕誉は中将法如の旧跡として知られる青蓮寺の荒廃を嘆いて堂宇を補修し、自身の尼弟であった法春を住職とした。また、同志の尼らと共に不断念仏をとなえ、念仏道場として青蓮寺を再興したという。その後、春照、貞春、慧春、孝春と教えは受け継がれ、何とか念仏道場として寺は維持された。しかし、経年の劣化による境内の破損もあり、慧春、春照の尽力に続いて、孝春の代になると知恩院に補修を申し出るなど、より本格的な寺院再興に向けての動きが進められていったとある。

こうした中で、円叔は祖父、父と縁のあった青蓮寺に当麻曼茶羅がないことを

図78　青蓮寺蔵「当麻曼茶羅」　元禄11年（1698）、紙本著色、240.7×227.3cm

独湛性瑩　一六二八―一七〇六。中国から渡来した黄檗宗の僧。隠元に従って来日し、やがて宇治万福寺の第四世となる。浄土信仰に傾倒し、当麻曼茶羅の頒布に努めた。

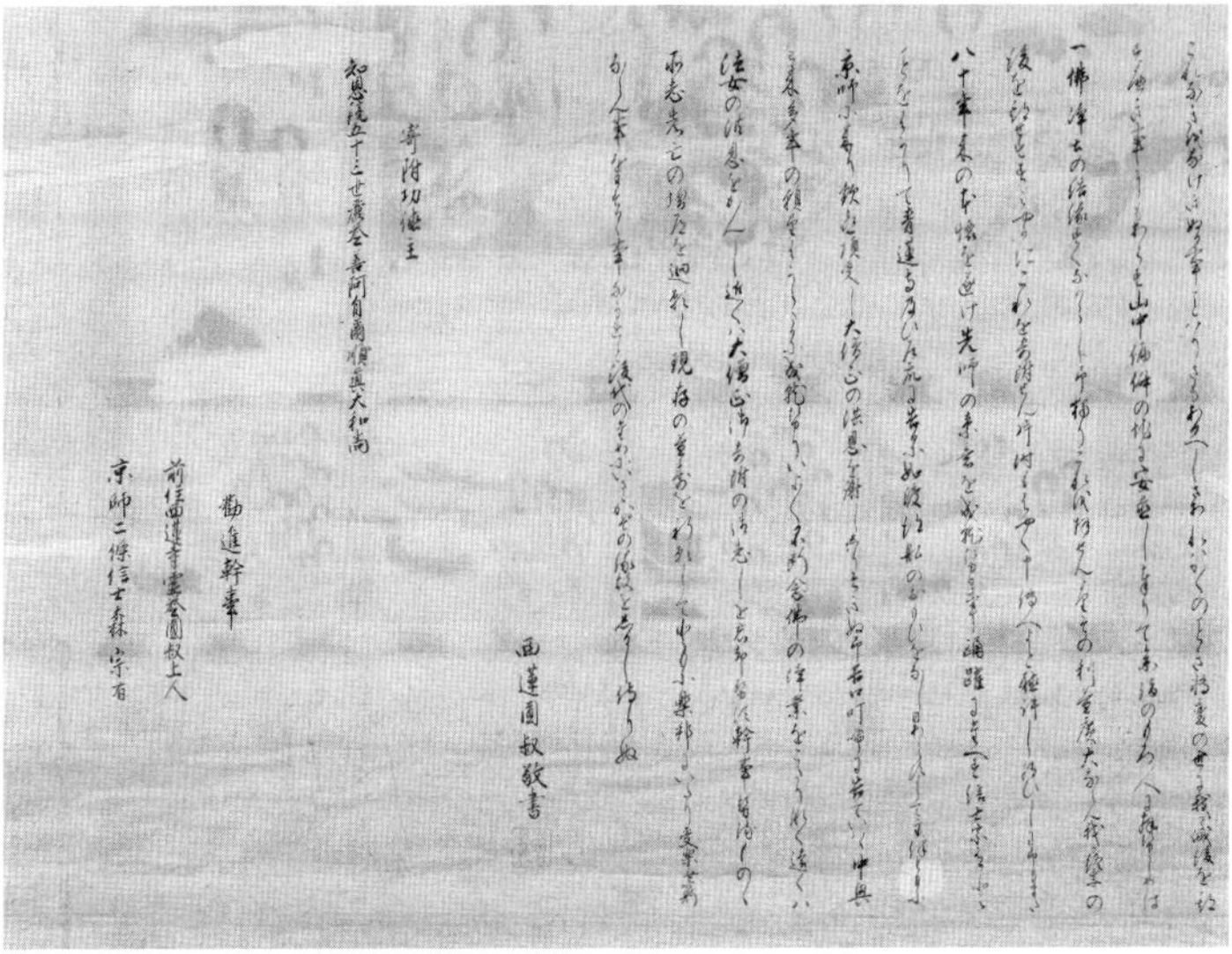

図79　青蓮寺蔵「当麻曼荼羅」裏書（一部）

嘆き、森宗有という人物と共に、勧進し、無事、当麻曼荼羅の奉納を実現させたのだった。荒廃と再興を繰り返しながら中将姫伝承を語り継いできた青蓮寺にとって、その信仰の要《かなめ》となる当麻曼荼羅を安置することは、住職はもとより縁者らにとっても悲願だったに違いない。

さて、慶恩寺は宇陀市大宇陀にある浄土宗寺院で、桃山から江戸時代にかけて特に栄え、二十余りの末寺を有した。秋山城主の菩提寺としても知られる宇陀の有力寺院である。青蓮寺を再興した祖父の顕誉は、慶恩寺第五代住職の顕誉廓貞《かくてい》と考えられ、名古屋の性高院を兼任し、寛文七年（一六六七）二月十日に入寂している。また父の光誉は、同じく慶恩寺第七代住職の光誉《こうよ》頼求《らいぐ》と考えられ、貞享三年（一六八六）九月五日に才ケ《さいが》辻村《つじむら》の北森庵へ隠居したと伝えられる。境内の墓碑銘は摩滅してほとんど読めないが、光誉は墓碑にその名前のみ確認できる。

顕誉の尽力による青蓮寺堂宇の補修は、慶安二年（一六四九）に夢伴子が再び日張山を訪れてしばらく後のことと考えられ、顕誉晩年のことと推察される。青蓮寺と慶恩寺の縁は、

右：図80　青蓮寺蔵「中将姫像」
上：図81　青蓮寺蔵「松井嘉藤太夫婦像」（左：嘉藤太　右：静野）

大正時代、青蓮寺住職であった称進尼《しょうしんに》の勧進により建立に至った青蓮寺の阿弥陀堂（阿弥陀仏殿）の額面の施主が慶恩寺であることからもうかがえる。そのつながりは当麻曼荼羅の裏書に見られるように、少なくとも十七世紀初頭に遡るものだった。

青蓮寺の歴代住職の在任期間は未だはっきりしないが、絵巻が青蓮寺に安置された延宝九年（一六八一）は、春照の頃と推察される。元禄九年（一六九六）の『浄土宗寺院由緒書』の「日張山青蓮尼寺」の項には、時の住職だった「春照」の名前が記されている。

青蓮寺の尼

江戸時代中期の文化人として知られる近衛《このえ》基熙《もとひろ》▲の日記『基熙公記』延宝七年（一六七九）三月十八日条によれば、午後二時頃、青蓮寺の尼が中将姫の木像、乳母像、中将姫自筆経などの寺宝を持って基熙邸を訪ねてきたという。

中将姫像は、現在開山堂に安置されている中将姫像（木造彩色、玉眼、像高四四・五㎝）を指すと考えてよいだろう（図80）。乳母像は、松井嘉藤太夫婦像（武士夫婦像）のうちの妻静野（如春尼）の坐像（木像彩色、像高二

近衛基熙　一六四八―一七二二。江戸時代中期の公卿。関白左大臣近衛尚嗣の子、家熙の父。右大臣、左大臣を経て関白、太政大臣に至る。黄檗僧の隠元、高泉に帰依した。書画や和歌をよくし、有職故実に精通した。

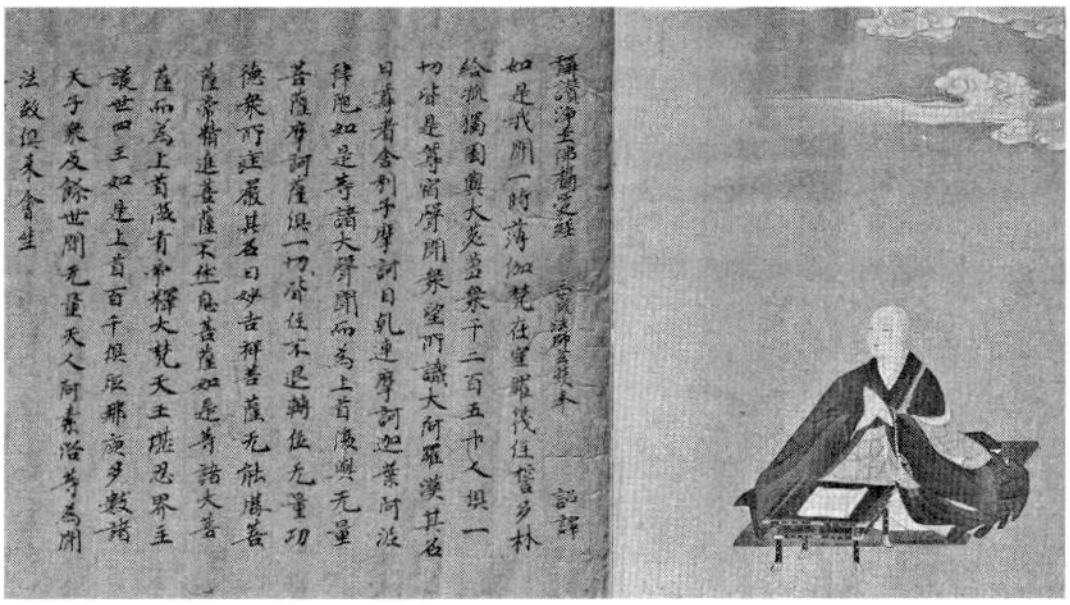

図82　青蓮寺蔵『称讃浄土経』

七・五㎝）だろうか（図81）。青蓮寺では妻の名前は静野で、後に出家して如春と名乗り、青蓮寺の初代住職になったと伝えられている。先に挙げた延宝九年の縁起に「みづから（自）の影像と武士夫婦の形像を手づからきざみ（刻）安置」したとあるように、これらの御像は、現在、中将姫像と共に中将姫作の御像として開山堂に祀られている。

中将姫自筆経についてははっきりしないが、青蓮寺には中将姫自筆と伝わる『称讃浄土経』が複数伝来しており、おそらくそのうちの一点ということになるだろう。なかでも金地《きんじ》題僉《だいせん》▲に「称讃浄土経／中将姫真筆」と墨書された一巻の見返しには、経を広げて合掌する中将姫の真影が描かれており、おそらくこのような経巻と共に、中将姫伝承は語り継がれたものと考えられる（図82）。

『基熙公記』によれば、尼は御像、乳母像、自筆経のほかにも何か持参したようだ。現存する中将姫毛縫いの種子三尊曼荼羅（図83）や木蘭色《もくらんじき》の二十五条袈裟《けさ》▲（カバー参照）もあわせて披露したのかもしれない。延宝九年の絵巻の詞書には次のようにある。

はるかに九百余歳の星霜をふる（経）といへど、自きざみ（刻）給へる御影、真筆の称讃浄土経、又おとし給ひつる御ぐし（髪）にて弥陀三尊の梵字をぬい付給へると、木

題簽　書籍の表紙に題名などを書いて貼る細長い紙片、または布片。外題紙ともいう。

二十五条袈裟　僧侶が着る僧服の一つ。日本では法衣の上に袈裟を着ける。布片を縫い合わせ一本にした縦長の布片を条と呼び、袈裟はこれを横に何条か並べ、縫い合わせて作られる。五条、七条のものが多い。最も条数の多いのが二十五条袈裟。九条から二十五条までの袈裟を総称して大衣という。青蓮寺に伝来する木蘭色の二十五条袈裟は、縫い目などから江戸時代に遡るものではないと推察されるが、袈裟を収める木箱は江戸時代のものと判断でき、おそらく現在木箱に収められている袈裟は後に入れ替えられたものと思われる。

図83　青蓮寺蔵「種子三尊曼荼羅」

蘭色の御袈裟と今にのこ《（残）》りて現在せり。

このうち木蘭色の袈裟は、その利益と共に語り継がれていく。時代は下るが後述する弘化二年（一八四五）の出開帳の記録『本尊中将法如於松坂為拝日記並霊宝略縁記極略記又者出願次第道中倒』（以下『略記』）には、「一　中将姫て《（手）》づからたち《（裁）》ぬひ《（縫）》あそばし、あさゆふ《（朝夕）》御身にかけさせ給ひしもくらんじき《（木蘭色）》廿五条のおん《（御）》けさ《（袈裟）》、一度かふべ《（頭）》にいただくせぞく《（世俗）》は、あくじさいなん《（悪事災難）》をのがる《（逃）》事うたがひ《（疑）》なからんとの御ゆいごん《（遺言）》なり」とあって、一度頭にいただけば、悪災を逃がれるという袈裟の功《く》徳《どく》と共に伝えられていたようだ。このような伝えがいつに始まるかは不明だが、袈裟は後の開帳の場でも重要な寺宝として紹介されるものとなっていった。

さて、日張山の尼が基熙邸を訪ねた二年後に絵巻は描かれている。寛永七年の大火によってすべてを失った青蓮寺は、清寿、栄春らの尽力によってたて直され、その後は慶恩寺第五代顕誉により荒廃した境内が補修された。顕誉の尼弟法春が住職となって以降、再び尼僧の念仏道場として再興される。時の青蓮寺住職は中興とされる春照と推察される。青蓮寺の尼が基熙邸を訪ねた経緯は、慶恩寺を介してのつながりなどさまざまに想定されるが、現段階では詳細は不明である。

ただこの絵巻の詞書が安井門跡道恕の手になり、絵が門跡の侍童だったという法橋雪俊によるものであること、また絵巻が描かれる前月には光山宗栄（後西天皇の皇女）によって詞書が書かれ、義延親王（後西天皇第四皇子）によって奥書が書かれた縁起が存在すること、さらにその縁起の鑑定書を安井門跡道恕が記していることは、十七世紀後半の青蓮寺の尼僧や在家信者らの精力的な活動があってのことと考えてよいだろう。『基熙公記』に残された記録から、その一端がうかがえる。延宝九年の絵巻の制作は、こうした青蓮寺再興の機運の中で進められていったのだ。

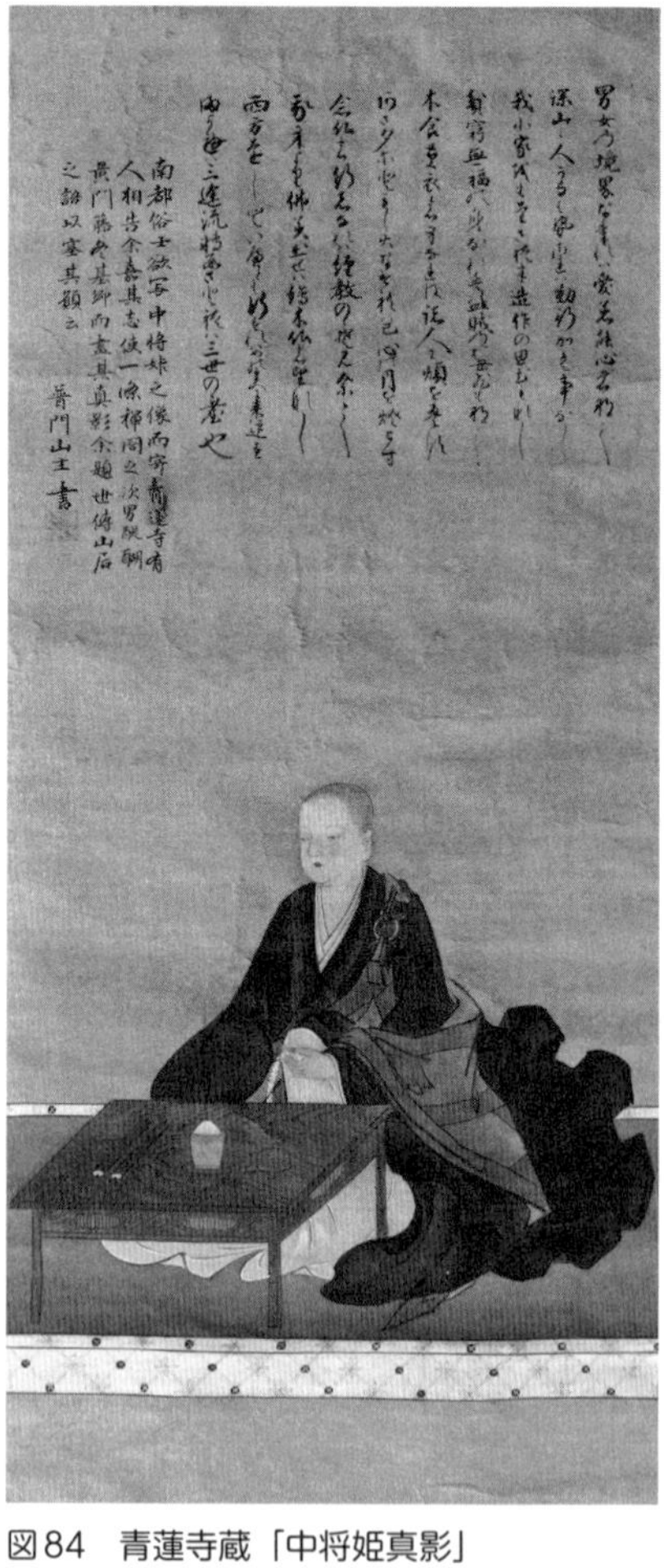

図84　青蓮寺蔵「中将姫真影」

青蓮寺と京都の貴顕

青蓮寺と中央の貴顕との交わりは、このほかにもこの時期に複数確認できる。その一例として注目されるのが、青蓮寺蔵「中将姫真影」である（図84）。真影は、先に述べたように大阪市美本、中之坊本のほか、棚本家本の存在を確認しているが、青蓮寺所蔵の真影は、上部に「中将姫山居語」を含む賛が添えられている。「中将姫山居語」の古例としては、『月庵酔醒記』に見られ、既に室町時代末期には流布していたと考えてよい。順序や表現に異同があるものを含め各地に伝来する。「中将姫山居語」は「山居ノ法語ナド念頃ニ説テ、聴者ノ増道ヲ専ラニスべシ」（『当麻曼荼羅口伝抄』巻二）とあるように、勧進・唱導の場で積極的に用いられ、口伝で流布していたものだった。その流布の様相は、文政三年（一八二〇）刊行の『中将姫法語』に「此中将姫山居の語といふものは、世の人うつし伝へて多くもてはやせり」とあるように、世上にかなり流布していたことがうかがえる。試みに、青蓮寺の真影に添えられた「山居語」を見てみよう。

男女の境界なければ愛着の心もなし
深山に人かよ《（通）》はせられば勤行かく事なし
我小家をもた《（持）》ざれば造作の思ひもなし
貧窮無福の身なれば盗賊のおもひ《（思）》もなし
木食《もくじき》草衣の身なれば諸人に煩をゑ《（得）》ず
あさ《（朝）》夕にともし《（燈）》火なければ己心の月を燈《ともしび》とす
念仏の行者なれば経教のゝぞみ《（望）》なし
我身より仏み《（見）》出せば絵木仏の望なし
西方遠しといへども行すればめ《（目）》のまへ《（前）》に来迎す
まよへば三途流転すさとれば三世の台也。

南都俗士欲写中将姫之像而寄青蓮寺。有人相告余嘉其志、使一条禅閤之

図85　青蓮寺蔵「中将姫真影」箱書

次男醍醐黄門藤冬基卿而画其真影。余題世伝山居之語、以塞其願云。

普門山主書（印）

賛によれば、「南都俗士」が中将姫の像を青蓮寺に納めたいと願い出て、それを聞いた「普門山主」（大通文智、一六一九―九七、以下文智）が醍醐冬基（一六四八―九七）にその真影を描かせ、文智は世上に流布していた「山居之語」を添えたという。

文智は、後水尾天皇の第一皇女で、寛永十七年（一六四〇）に出家し、翌年京都の修学院の地に草庵（後の普門山円照寺）を結んだ人物として知られる。自らの血で書いたとされる「血書般若心経」や父後水尾天皇の爪を板に貼った「爪名号」など、往生への願いと信心の表れというべき遺物が残る。

一方、醍醐冬基は一条昭良（一六〇五―七二）の次男で、従弟《いとこ》にあたる霊元天皇から「醍醐」の家名を下賜され、一条家から分家した醍醐家の祖とされる人物である。『源氏物語画帖』（三井記念美術館蔵）などの作例がある。冬基の父昭良は後水尾天皇と兄弟で、冬基と文智は従兄妹にあたる。

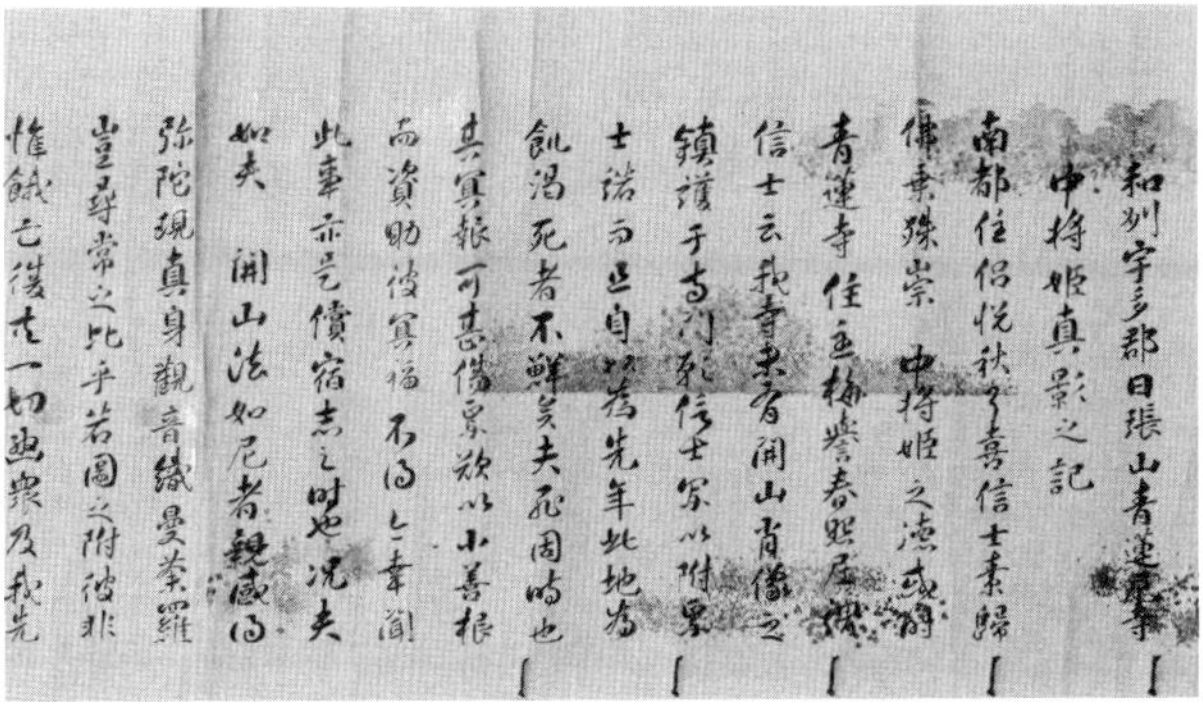
図86　青蓮寺蔵『真影之記』

真影の由来

さて、それでは青蓮寺に真影の所蔵を望んだという「南都俗士」とは誰なのか。真影の箱書（下箱外側底部）には「寄進施主／南都住秋田氏悦《えつ》秋《しゅう》了《りょう》喜《き》」とあり、どうやら南都の「悦秋了喜」という人物が関与したらしい（図85）。

貞享元年（一六八四）に書かれた『真影之記』（図86）によると、悦秋了喜は、青蓮寺の住職である春照から中将姫の肖像が未だに寺にないため写してもらいたいと頼まれ快諾したという。先年この地では飢饉で亡くなる人が多かったこともあり、ささやかな功徳としてその方々の冥福を祈る機会になると考えてのことだった。中将姫の姿を描き納めたなら、飢饉で亡くなった方々のみならず、すべての亡くなった方々、先祖もまた必ずや同じ浄土の勝縁を結ぶことができるはずと考え、そこでまず画工に一幀《てい》写させ、それを武

図87　谷中善光寺（『江戸名所記』）

府善光尼寺▲（現在の東京都港区の善光寺、図87）に届けたという。

　この年、ある人が円照公主（文智）にそのことを話したところ、その信心を称え、藤公（冬基）に新たに中将姫の真影を写させ、公主自ら筆をとって賛をその上に書いて了喜にお与えになったという。悦秋の喜びはこのうえなく、さらに事の顚末を記して後代に残したいと願い、浄因によってこの『真影之記』はまとめられたという。

　時の住職だった春照の望みにより、悦秋を介して真影の制作と所蔵は叶えられたのだった。かつて青蓮寺では、この真影を中将姫の忌日である四月十四日に庫裏の一室に掲げて供養を営んでいたという。

　冬基が描いた青蓮寺の真影は、先に挙げた大阪市美本等とは異なり、やや奥行のある構図となっている。さらに興味深いことに、青蓮寺本の中将姫の袈裟は、大阪市美本等に描かれる袈裟とは異なり、木蘭色で彩色されている（カバー参照）。先に述べたように、絵巻には「木蘭色の御袈裟」が現存するとあり、実際、青蓮寺には「寛文四年（一六六四）甲辰《こうしん》歳五月初八日」と墨書のある木箱に納められた木蘭色の袈裟が伝来している。おそらく冬基は絵巻の内容を把握し、場合によっては袈裟を見たうえで真影を描いたものと推察され、悦秋が寺宝の袈裟を持参

善光尼寺　慶長六年（一六〇一）に善光寺大本願第百九世の円誉智慶が徳川家康の勧請をうけて谷中に設けた信州善光寺兼帯所としてその歴史が始まる。元禄十六年（一七〇三）の火災により大伽藍が焼失し、現在の北青山に移転した。悦秋了喜が真影を届けたのは、谷中にあった当時と思われる。『江戸名所記』巻一「谷中善光寺」（図87）には、尼寺で尼僧が二人、本堂横の建物に控える様子が描かれている。『青山善光寺

略縁起』（『略縁起集成五』所収）には「其のち元禄の末」に青山に再建成就し、中将姫手彫りの尊像を本尊としたとある。本尊は一尺五寸の阿弥陀如来像（秘仏）で、八月の十五夜に中将姫が当麻寺紫雲庵で念仏を唱えている間に善光寺如来が現れ、中将姫がその姿を写し彫刻した尊像と伝えられる。

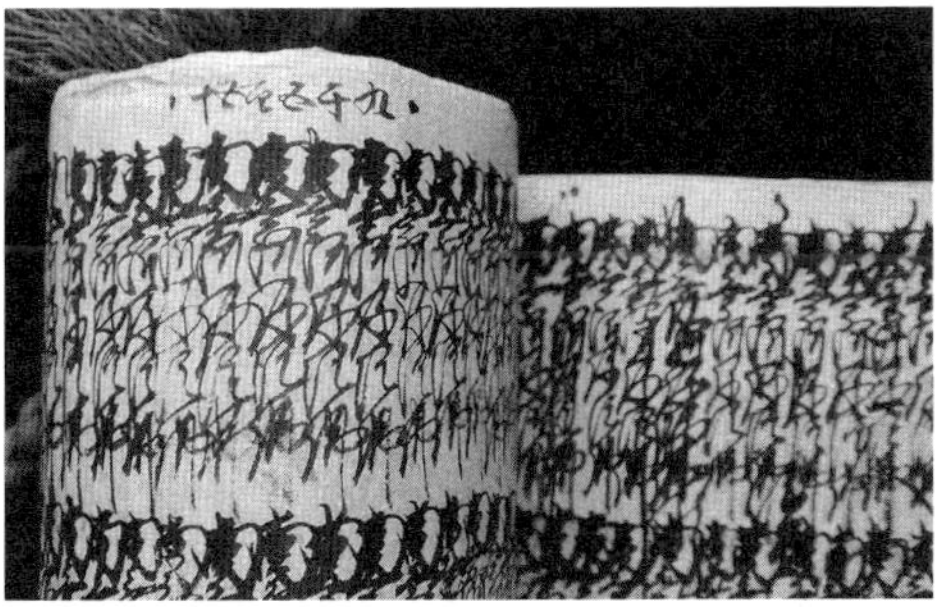

図88　青蓮寺蔵『一条大政所冬基公御名号弐万行』

した可能性も考えられよう。

真影を納めるべく奔走した悦秋は、まさに住職の望みを叶えるため寺の存続に尽力し、勧進聖的な役割を果たした熱心な在家信者だった。しかしながら、その人物の詳細は明らかではなく、先に挙げた真影の箱書に寄進者として「南都住秋田氏悦秋了喜」とあるほかは、青蓮寺の過去帳により、元禄二年（一六八九）五月に亡くなったことがわかる程度である。

青蓮寺には冬基筆の『一条大政所冬基公御名号弐万行』（一巻）も伝存しており、おそらく、真影が青蓮寺に入る経緯の中で納められたものと推察される（図88）。これも悦秋を通じての縁あって収蔵されたものだろう。

青蓮寺の絵巻や真影の制作および納められた経緯をたどると、寛永七年（一六三〇）の大火以降、十七世紀後半、春照の代を中心にようやく寺宝を整え、信仰を守り伝えようと尽力した尼僧と在家信者たちの姿が浮かび上がってくる。

青蓮寺と奈良町の商人

さて、青蓮寺の十七世紀が貴顕の信仰を集め、交流を深めるばかりだったかと言えばそうではない。青蓮寺には御像が数体残されている。その御像は縁者によって納められており、古いものとしては、貞享四年（一六八七）の「大黒屋六右

図89　大黒屋六右衛門寄進夫婦像

衛門寄進夫婦像」（像高一六㎝）がある（図89）。厨子《ずし》に収められた夫婦像の中央には「南無阿弥陀仏」の名号が墨書され、開いた厨子の左右には、大黒屋六右衛門により納められたこの親夫婦の像が「日牌料《にっぱいりょう》」として寄進されたものであることが記されている。青蓮寺は檀家を持たず、縁者の日牌・月牌《がっぱい》▲の供養を何よりも大切にしてきた。そのため、現在も開山堂には多くの位牌が安置されている。

興味深いのは、位牌や過去帳には、宇陀（菟田野・大宇陀）界隈《かいわい》の縁者のほか、大坂、京、紀州、勢州の者が比較的多く見られ、なかでも奈良町界隈の家にその信仰圏の広がりが読み取れることである。椿井《つばい》町（鍋屋）、橋本町（羽屋）、餅飯《もちい》殿《どの》町（大黒屋）、北室《きたむろ》町（近江屋）は、いずれも現在の近鉄奈良駅の南側に位置する町名であり、少なくとも十七世紀後半には、青蓮寺との縁を深めていたことがうかがえる。

「大黒屋六右衛門寄進夫婦像」は奈良町の縁者による寄進の早い例である。また羽屋については、元禄二年（一六八九）の位牌があり、少なくとも大黒屋と同様の時期に青蓮寺へ位牌を納めていたことがわかる。青蓮寺には、「禅尼坐像」二体（像高二九㎝／二四㎝）があり、そのうち一体の背面に「南都橋本町／為宗誉栄春信女／羽屋先祖」とある（図90）。また、

日牌・月牌　毎日または毎月の故人の忌日に位牌の前で供養を行うこと。また、その供養のために、回向料を添えて寺院に安置する位牌。

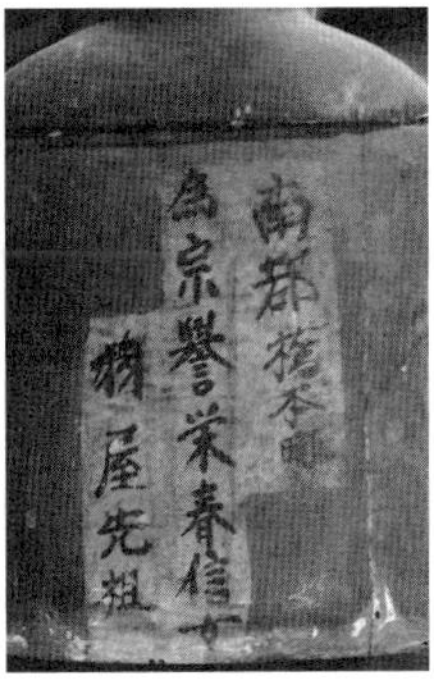

上２点：図90　青蓮寺蔵「禅尼坐像」とその背面
下：図91　青蓮寺蔵『奉加帳』

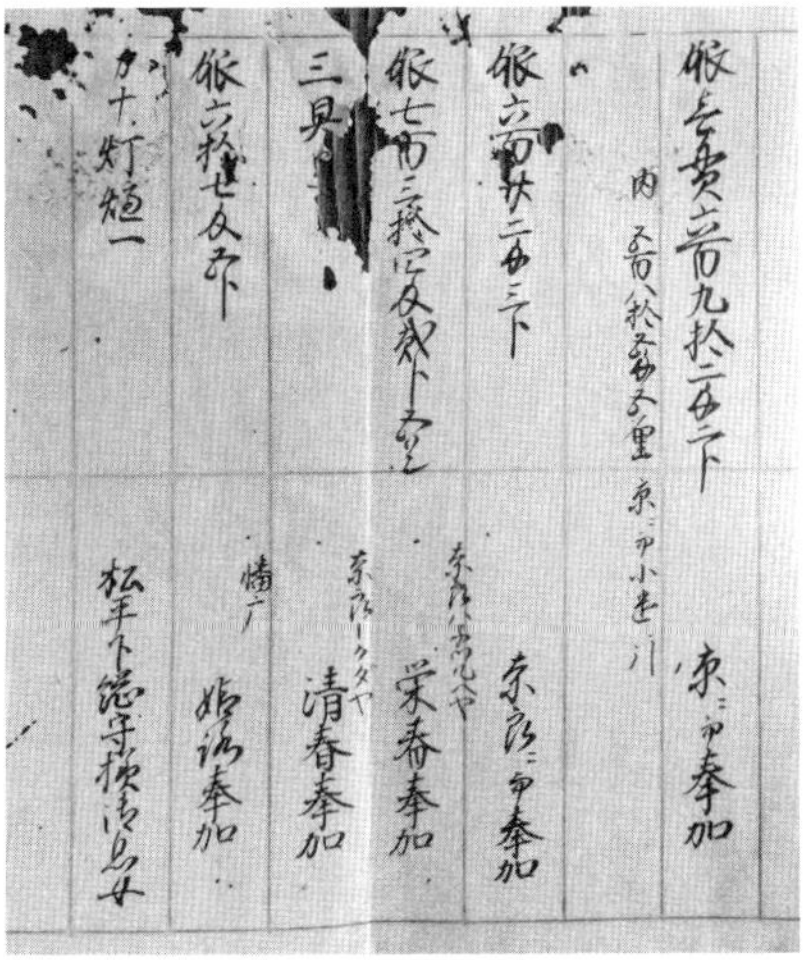

青蓮寺蔵『奉加帳』には「奈良八子《ね》ツルヘヤ栄春」の名前が見られる（図91）。

栄春は、寛永七年（一六三〇）の大火による青蓮寺焼失後、足を患った清寿のため、その徒弟らと力を合わせ、仏堂や僧坊を再び造立した人物と推察される（『聞書』『日張山賦』）。とするならば、先の禅尼坐像は羽屋の先祖である栄春の供養のためにおそらくその子孫によって青蓮寺へ納められたのだろう。青蓮寺中興の清寿と共に再興に尽力した栄春によって、青蓮寺は羽屋とのつながりを深めたものと思われる。

奈良町の中将姫伝承と袋中

奈良町界隈には中将姫ゆかりの寺として知られる、誕生寺、徳融寺、高林寺、安養寺がある。これらの寺社と中将姫説話が強い結びつきを持って伝えられていく時期は、史料から十七世紀半ば頃と推察される。誕生寺蔵「中将姫現身往生画図」（図92）や徳融寺蔵「当麻曼荼羅」（図93）は、いずれも絵屋竹坊によってその当時制作されたものと考えられる。

筆者は、奈良町にある寺社がいずれも中将姫説話と寺社の由緒を結びつけて語り伝えていった背景に、「二 つながる人々」で述べた江戸時代前期に活躍した浄土宗の僧袋中の教えとその信仰圏の広がりがあったのではないかと考えている。

これらの誕生寺や徳融寺所蔵の絵画作品は、袋中の教えをふまえて制作された仏画であり、制作を手がけた絵屋竹坊の絵師は、先に述べたように念仏寺（奈良市漢国町）の檀家だったことが過去帳から明らかになっている。

念仏寺は袋中開基の寺であり、袋中の直弟子である東暉とも関わりが深い。東暉は袋中没後、念仏寺を拠点に活動した時期があり、また袋中が記した『白記』の流布にも尽力した人物である。奈良町の中将姫ゆかりの寺社に袋中の影響が色濃く表れた仏画が伝来していることは、袋中以降も東暉によってその教えが広がり、受け継がれていったことを意味していると考えてよいだろう。

さらに、袋中は『白記』の中で中将姫が捨てられた地について、紀州ではなく「和州ノ鶬山」と説いている。『白記』に先行する袋中の著作である『図記』にも「和州鶬山」とある。袋中が何によって「和州」説を支持したかは不明だが、明らかに意識的に中将姫が捨てられた地を「和州ノ鶬山」としている。

先に列挙した青蓮寺と縁の深かった奈良町界隈の家々は、現在の近鉄奈良駅からこれらの中将姫ゆかりの寺々へ向かう途中に点在した商家である。彼らはなぜ当麻寺ではなく（のみならず）青蓮寺に縁を求め、これらの御像や位牌を青蓮寺に寄進したのか。

その背景には、中将姫が捨てられた地を「和州ノ鶬山」と説く袋中と東暉両上人の教えとその広がりがあったのではないか。青蓮寺の過去帳には、「袋中上人」のみならず「定蓮社良閑上人東暉和尚」の名前が記されているが、このこと

図92　誕生寺蔵「中将姫現身往生画図」

図93　徳融寺蔵「当麻曼荼羅」

は単なる偶然ではないようにも思える。東暉が青蓮寺と直接的な関わりがあったかははっきりしないが、少なくとも、彼らの教えが奈良町の人々が遠く離れた青蓮寺と縁を結ぶきっかけになった可能性は十分に考えられよう。

青蓮寺と徳融寺

実はこのことと関連して興味深い史料がある。最近田中美絵氏によって新たに紹介された『略記』である。この史料は、青蓮寺が善福寺（三重県松阪市日野町）で行った弘化二年（一八四五）三月五日から四月八日までの出開帳の記録で、縁者らの動きや本尊や寺宝を運ぶ経路、費用などが、日を追って事細かに記されている。その中で、日張山から実父に連れられて都に戻った中将姫を描く場面（第八図）の説明として次のようにある。

> 次なる段は、姫君十六歳の御時、豊成公狩に御出あそばし、はからずも姫ぎみに御対面あり、なら《（奈良）》の都江御とも《（伴）》なひあそばしたる処、御殿のあと《（跡）》、なら《（奈良）》のきつじ《（木辻）》のほとりに豊成山徳融寺申、豊成公後には御剃髪あそばせしとぞ。

描かれた場面を豊成の御殿とし、その御殿の跡が豊成山徳融寺であると述べて

徳融寺の宝篋印塔　石柱には「豊成公中将姫御墓」とある。もとは同じく中将姫伝承を伝える高林寺（井上町）にあったものが、徳融寺に移されたと伝えられる。『井上町町中年代記』（一）の元禄十年（一六九七）の文書に「井上町高坊三良兵衛屋敷」とあった豊成の石塔が二十年ほど前に「鳴川町徳融寺」へ移されたとある。

図94　徳融寺

いる（図94）。徳融寺（奈良市鳴川町）は、豊成の邸宅跡に建立された寺院として知られ、境内に豊成と中将姫の供養塔と伝えられる宝篋印塔《ほうきょういんとう》▲二基がある（図95）。

このような語りは、ほかの絵巻や絵伝には見られない。青蓮寺では、少なくとも十九世紀の開帳の場において、絵伝を奈良町の中将姫伝承と結びつけながら語られていたのである。寛永十年（一六三三）の『聞書』に「豊成卿の御館三ヶ所に有ける也」とあって、その一つに「鳴川御殿」とあるのも、おそらく徳融寺を指すのだろう。青蓮寺と徳融寺のつながりをうかがわせる早い例として注目される。

徳融寺は、元文五年（一七四〇）に大坂の豊竹座で初演された浄瑠璃『鶊山姫捨松』の舞台としても知られている。鶊山（宇陀の日張山）への道行きには、「何

図95　上：豊成公石塔
下：中将姫石塔

れ遁れず遁れても、後は消え行く雪道や、胸は氷と鳴川の、御館を離れ鶊山、茨の里へと急ぎゆく」と語られる。「豊成公中将姫御墓」と刻まれた石柱の側面には「中将姫雪責め」を公演する前にここに参詣した片岡仁左衛門の名前が刻まれている。青蓮寺と徳融寺のつながりは、芸能を通して人々に知られるところとなっていったようだ。境内には「雪責《ゆきぜめ》の松」(昭和四十九年頃まで切り株が存在した)などの旧跡もあり、雪責めの情景が目に浮かぶようである。

青蓮寺と奈良町界隈とのつながりは、既に述べたように、少なくとも十七世紀後半には信徒の商家との結びつきとして確認できる。『略記』が伝える絵解きの語りは、青蓮寺が伝える中将姫伝承の信仰圏と決して無関係ではないだろう。

寺社縁起絵巻の一つの流れとして、十七世紀から十八世紀にかけて貴顕が関与した絵巻が各地で盛んに制作され、〈絵巻の十七・十八世紀〉とも言うべき現象が発生する。この背景については、元和元年(一六一五)の『浄土宗諸法度』やその一部を含めまとめられた寛文五年(一六六五)の『諸宗寺院法度』の発布、当時の公家社会の経済的事情についても踏まえて検討する必要があるだろう。青蓮寺の絵巻や真影などの掛幅絵の制作もこうした社会の流れの中に位置づけられる。

ただ、十七世紀の青蓮寺については、こうした貴顕との交流と共に、庶民信仰

右：図96　青蓮寺蔵『中将姫御画伝』箱書
左：図97　延誉孝寿尼の墓碑

の広がりに目を見張るものがある。奈良町には、江戸時代初期にたくさんの人々を魅了した袋中の教えに基づく絵画が数多く現存する。その袋中が著作の中で中将姫ゆかりの地を紀州ではなく、「和州ノ鶴山」と説いていたことはきわめて重要な意味を持つ。奈良町の中将姫伝承が青蓮寺の絵解きの語りの中に溶け込んでいく素地は、十七世紀の青蓮寺の信仰圏の広がりにあったと考えられるのだ。

青蓮寺の『中将姫御画伝』

延宝九年（一六八一）に絵巻が制作されて八十年ほど経った宝暦十三年（一七六三）十月、絵巻を参照して制作された三幅の絵伝が長井家の娘可濃によって青蓮寺に奉納された。先に挙げた青蓮寺本である。

青蓮寺本は原装のまま木箱に収められており、状態は比較的良い。箱の上蓋の中央には「和州日張山青蓮寺什宝物／為二延誉孝寿比丘尼菩提一、再興施主勢南川俣谷長井氏娘可濃、于レ時宝暦十三未十月吉日」とある（図96）。この墨書により、宝暦十三年に、延誉孝寿尼の菩提を弔うため、寺の再興を願って制作し奉納されたものであること

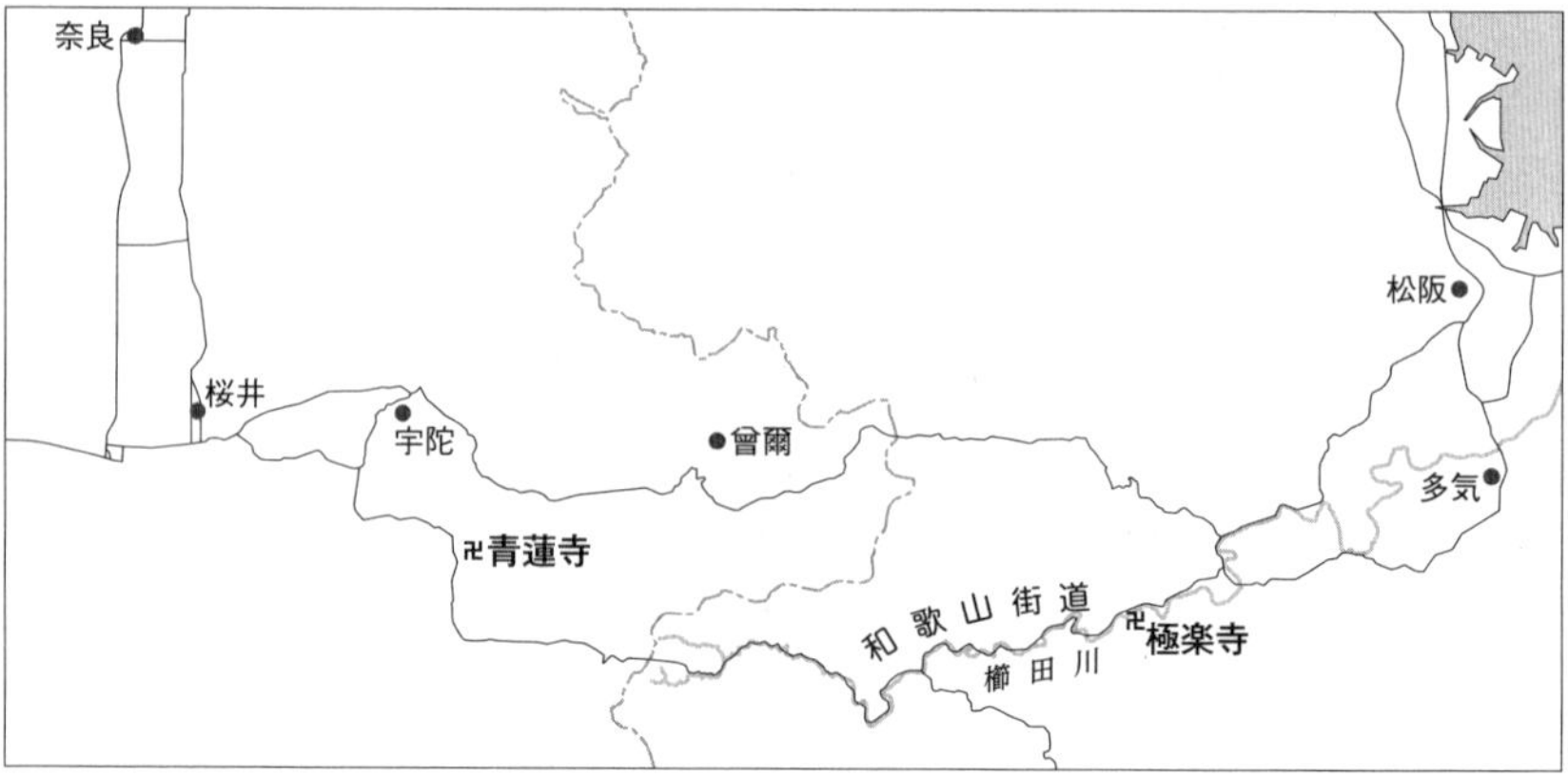

図98　極楽寺の位置

がわかる。

延誉孝寿尼は、当時、青蓮寺に在住した尼僧と思われるが、今のところ歴代にその名を確認できない。境内墓地に墓碑が確認できる（図97）が、墓碑には紀年銘もなく、詳細を辿ることができない。ただ、最近調べを進める過程で、絵伝が奉納されるに至った経緯と共に、延誉孝寿尼についても少しずつ明らかになってきた。

絵伝を奉納した可濃は、「勢南川俣谷《せなんかばただに》」の長井家の娘であったという。勢南川俣谷とは三重県中部を西から東へ、伊勢湾へと流れる櫛田川の上流域を指す（図98）。勢南川俣谷の長井家とは、現在の三重県松阪市飯南町有間野の長井家のことである。

有間野の長井家は名家で、先祖は近江の浅井家家臣であったと伝えられる。有間野にある極楽寺（浄土宗）は、浄土信仰の篤かった長井家二代利兵衛正知により天正元年（一五七三）に開かれ、今も長井家の菩提寺である。

絵伝が奉納されたのは宝暦十三年（一七六三）であり、長井家七代命軌が当主の頃かと推察される。延宝から享保にかけて（一六七三—一七三六）長井家は特に隆盛を極めたという。実は、この極楽寺に青蓮寺本が

右：図99　極楽寺蔵「延誉孝寿尼位牌」
左：図100　極楽寺蔵「延誉孝寿尼立像」

奉納された背景を知る重要な手がかりがあった。

それは、位牌（総高二九㎝）と御像（総高三一㎝）である（図99・100）。位牌には「延誉孝寿比丘尼」「宝暦十二壬午年十二月三日」とある。また、御像の台座にも「延誉孝寿比丘尼」「宝暦十二壬午年十二月三日、行年六才往生」と刻まれている。この位牌と御像によれば、延誉孝寿比丘尼は青蓮寺本が奉納される十ヶ月ほど前に亡くなっている。青蓮寺本の箱書にある「為㆓延誉孝寿比丘尼菩提㆒」とは、この六歳の女児の菩提を弔うとの意味だろう。

青蓮寺は檀家を持たないため、境内の墓はほとんど歴代のものである。青蓮寺にある「延誉孝寿比丘尼」とのみ刻まれた墓碑は、この女児が青蓮寺へ入寺したことを意味するのかもしれない。絵巻をもとに青蓮寺本が制作されたのは、もちろん、寺側の需要に適ったものであったに違いない。ただその背景には、中将姫に心を寄せる有間野の長井家の娘可濃と親しい間柄（親子姉妹か）にあった、六歳の延誉孝寿尼の往生への願いと祈りが込められていたのである。

青蓮寺の本堂には縁者らが納めた数多くの位牌が安置されているが、長井家と青蓮寺のつながりは青蓮寺本が奉納される以

年	事柄（典拠）
寛永7（1630）	12月、青蓮寺焼失（『聞書』、『日張山賦』）
寛永10（1633）	清寿尼『中将姫行状聞書』をまとめる（『聞書』）
寛永14（1637）	夢伴子、青蓮寺を訪ねる。そこで、焦土と化した寺を栄春、清寿の徒弟らが力を合わせてたて直すべく奔走し、仏宇や僧坊を再び造立したことを知る（『日張山賦』）
慶安2（1649）	夢伴子、再び青蓮寺を訪ねる。青蓮寺はすっかりもとの姿を取り戻していた。夢伴子は『日張山賦』を書き、寺に納める（『日張山賦』）
承応1（1652）	清寿尼入寂（過去帳） この頃、慶恩寺顕誉が頽廃していた青蓮寺の堂宇を補修して顕誉の尼弟法春を青蓮寺の住職とし、念仏道場として再興する。その後、春照、貞春、慧春、孝春と寺は維持される。孝春の代に本格的な寺院再興に向けて動き始める（「当麻曼荼羅」裏書）
延宝7（1679）	青蓮寺の尼、基熙邸へ中将姫像、乳母像、自筆経を持参する（『基熙公記』）
延宝9（1681）	7月、霊鑑寺宮比丘尼の手になる青蓮寺縁起（詞書のみ）が書かれる（奥書） 8月、道恕書、雪俊画になる『日張山青蓮寺縁起』（絵巻）が完成する（奥書）
貞享1（1684）	醍醐冬基画、大通文智により山居語が添えられた「中将姫真影」が納められる（「真影」、『真影之記』）
貞享4（1687）	奈良町の大黒屋が日牌料として親夫婦像を青蓮寺に納める（厨子の墨書）
元禄8（1695）	この頃住職は代々慶恩寺の弟子が務めている（『蓮門精舎旧詞』）
元禄14（1701）	春照尼入滅（位牌）
宝永3（1706）	貞春尼入滅（位牌）
元文5（1740）	慧春尼入滅（位牌）
寛保3（1743）	期間未詳だが、松坂の善福寺で出開帳する（『略記』）
宝暦13（1763）	長井家の娘可濃により『中将姫御画伝』が奉納される（箱書） 江戸の西蓮寺の住職だった円叔の尽力により、知恩院から独湛の偈賛が添えられた「当麻曼荼羅」を譲り受ける（「当麻曼荼羅」裏書、曼陀羅添状）
宝暦14（1764）	4月1日～30日まで、京都の法然寺で出開帳する（文書）
天明8（1788）	孝春尼入滅（位牌）
弘化2（1845）	3月5日～4月8日まで、松坂の善福寺で出開帳する（『略記』）

表3　青蓮寺史（抄）

前からあった。少なくとも享保十六年（一七三一）に遡ることがわかっている。

青蓮寺の過去帳に「享保十六年亥霜月　長嶽院高誉正隆　勢州有馬野永井利兵衛」と見え、以降「宝暦十年（一七六〇）正月　実誉貞寿法尼　勢州有馬野長井

長兵衛」ほか、宝暦、明和、安永と長井家の位牌は数多く安置されている。

長井家が最も隆盛したとされる時期、おそらく長井家の縁者と思われる六歳の女児を弔うべく、中将姫ゆかりの寺である青蓮寺の繁栄を願って、長井家の娘可濃は絵伝を奉納したのだった。先に述べたように、長井家の浄土信仰は極楽寺を建立した二代正知に始まるが、その信仰はやがて青蓮寺との縁にもつながっていったのだろう。三幅の美しい青蓮寺本は、こうした地方の名家の信仰を今に伝える貴重な遺物でもある。

宝暦十三年の青蓮寺再興

青蓮寺本が奉納された宝暦十三年（一七六三）は、青蓮寺にとって大きな意味を持つ年だった（表3）。この年は先に述べたように独湛の詞を添えた当麻曼荼羅が、江戸の西蓮寺の住職だった円叔らの尽力によって知恩院五十三世順真大和尚から下賜され、寺に納められた年でもあった。現在、中将姫を祀る開山堂に掲げられている「青蓮寺」の扁額も順真の手になるもので、もととなった書も伝来している（図101）。

時の住職孝春（図102）は、その位牌により天明八年（一七八八）

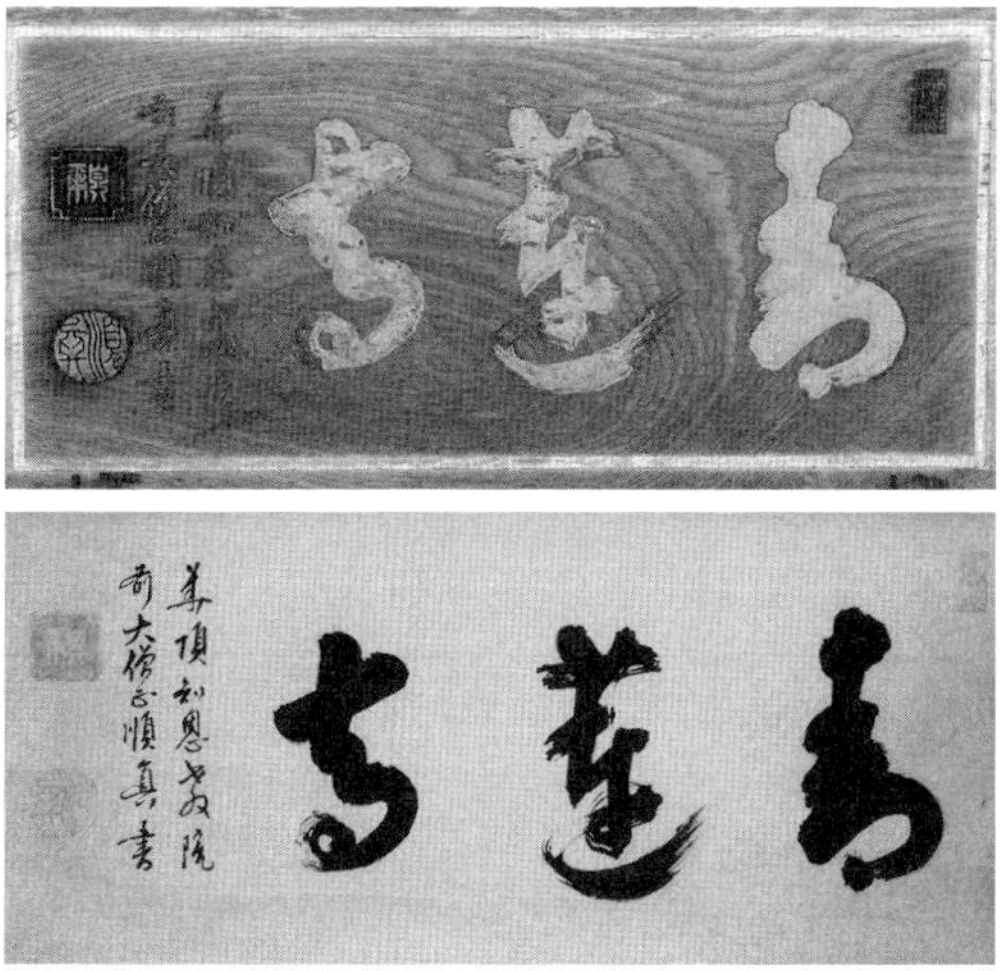
図101　「青蓮寺」の扁額と書

磬　仏教で用いる鳴物（楽器）の一種で、銅または青銅製で大型の鉢の形をしたもの。下に座布団を敷き、木製の台の上に据え置き、皮で巻いた木製の撥で縁を打って鳴らす。

図102　青蓮寺蔵「孝春尼肖像」

の入寂と判明する。寺の梵鐘には「宝暦六年丙子《へいし》李三月／幹事当山現住孝春尼／春慶／智春」の銘があり、宝暦六年（一七五六）の孝春の時に鋳造されたことがわかる。また、銅灯一対の銘にも「現住孝春尼」の時、宝暦八年（一七五八）五月に納められたとある。このほか磬《きん》▲にも銘があり、それによれば天明元年（一七八一）、やはり孝春の時のものである。

孝春が寺の再興をかけて尽力したことは、境内に残されたこのような遺物からもうかがえよう。こうした孝春による精力的な寺院再興の動きの中で、松坂の長井家の娘可濃を再興施主として絵伝は制作され、宝暦十三年（一七六三）に納められたのである。

法然寺　浄土宗。建久八年（一一九七）に蓬生（熊谷直実）が錦小路東洞院西の父貞直の旧地に法然を開山と仰ぎ建立したと伝えられる。その後、天正十九年（一五九一）に豊臣秀吉により寺町仏光寺に移転し、昭和三十六年（一九六一）に現在地へ移転した。

仏餉袋　仏に供える米を入れ、檀家から寺へ持っていく袋。

宝暦十四年の開帳と絵伝

この翌年、青蓮寺は法然寺▲（京都市右京区）で出開帳を行っている。その時の文書（一綴）が現存している。それによれば、「当寺開基中将姫九百五拾年相当」につき、青蓮寺は翌年四月一日から三十日間、供養のため本尊の中将姫および霊仏霊宝などを法然寺で出開帳する許可を願い出ている。本堂は「大破」しており修復をしたいものの「貧寺」ゆえに叶え難く、この開帳をもって「修覆の助」にしたいとある。文書の最後には仏餉袋《ぶつしょうぶくろ》▲に刷られたと思われる文言も記されており、刷られた仏餉袋の数は「五万」とある。「霊宝書」も「百通」ばかり準備し役人衆へ渡したようだが、この霊宝書にあたる史料は確認できておらず、本尊の中将姫像のほかにどのようなものが開帳されたかは不明である。おそらく、前年に納められた当麻曼荼羅や絵伝も披露されたことだろう。

弘化二年の開帳と絵伝の語り

宝暦十四年（一七六四）の開帳について、具体的な史料は今のところほかには確認できない。しかし、『略記』には本絵伝がどのように語り伝えられたかが詳細に記されている。

『略記』には、開帳された霊宝の由緒について列記されており、青蓮寺本についても、具体的に場面の説明が添えられている。『略記』は弘化二年（一八四五）のものであるから、宝暦十三年の青蓮寺本が完成した当初、同じような内容が語り伝えられていたかはわからない。ただ『略記』が記す内容は、絵巻には記されていない事柄がいくつか見られ、注目される。

一つは、『略記』では、姫の母を「紫の侍従」、乳母を「さいた」、継母の策略で姫のもとを訪ねる男を「たき川いくじゅ」、豊成の家来を「松井加藤《（嘉）》太張時《（春）》」と具体的な名前を記している点である。

二つ目に、豊成が姫と対面後、都へ姫を連れ帰ったという場面で、『略記』は「御殿のあと、ならのきつじのほとりに豊成山徳融寺申、豊成公後には御剃髪あそばせしとぞ」とのエピソードを添えているが、これは絵巻には見られない点である。

三つ目に、絵巻では、姫の年齢について、母君が亡くなった年を三歳とし、継母が来た年を七歳と記すのみであるが、『略記』では、母君が亡くなった年を五歳とし、十三歳の時に継母の策略によって日張山へ捨てられ、十六歳の時に狩りに訪れた父豊成と再会し、二十一歳の時に再び日張山を訪れ、如春（張時の妻静野）と共に御堂（現在の青蓮寺）を建立したとある。

つまり、青蓮寺本を用いながらも、その語りの内容は必ずしも先行する絵巻が伝える内容とは合致していないのだ。『略記』が伝える内容は、短文ながらも、固有名詞をはじめ絵巻にはない事柄が多く含まれている。

語りのオリジナル

『略記』の内容は何に拠っているのだろうか。これに先行する元禄頃（一六八八―一七〇四）の成立とされる説経浄瑠璃『中将姫御本地』や寛文九年（一六六九）の古浄瑠璃『中将姫の御本地』、享保十五年（一七三〇）の『行状記』、寛政十三年（一八〇一）の『中将姫一代記』などの影響を想定したくなるが、いずれにも合致するものは見られない。そもそも、乳母に「さいた」という名を与え、継母の策略で姫のもとを訪ねるよう仕向けられた男の名を「たき川いくじゆ」とする文献、また徳融寺の由緒にふれる本文もほかに確認できない。『略記』に残された語りの内容が、改めてオリジナル性の高いものであることがうかがえる。

本来、当麻寺縁起において印象的なクライマックスともいうべき曼荼羅の感得と往生の場面は、絵巻に描かれていないこともあり、青蓮寺の語りでもほとんど詳細が語られることはなかったようである。姫の往生は、再び日張山へ登って御堂を建てた後のことであり、絵巻でも「宝亀六年（七七五）三月十四日、当麻の草庵にして大往生をとげ《(遂)》給ひぬ」と記すに留まっている。

あくまでも青蓮寺で語られる中将姫の姿は、数々の受難（実母の死と継母による苛《いじ》め）に遭っても失われることのない信心深さにあった。結果として建立された御堂は中将姫ゆかりの地として、武士（嘉藤太）の墓などの旧跡やゆかりの寺宝と共に、後世の人々をも魅了する聖地として語り継がれていったのである。

江戸時代以降、複数制作され、各地の寺院で絵解きされた絵伝は、奥院絵伝、中之坊本、大伝寺蔵『中将姫絵伝』（一幅）など、いずれも『行状記』に拠っている。当麻寺が『行状記』による絵伝を制作していることからも『行状記』の影響力はうかがい知れよう。

しかしながら、青蓮寺本は延宝九年（一六八一）の絵巻に基づいて制作されており、天性寺所蔵の『当麻寺縁起』（二幅）と共に『行状記』成立以前に制作された図様を持つ絵伝として注目できる。『行状記』は「然《シカ》レドモ曼陀羅ノ諸鈔《ショウ》ト事《ジ》縁《エン》及ビ年譜等差異スル者ノ多シ」（第一冊）、「世ニ流行スル曼陀羅ノ諸鈔ト往々差異スル事有トイヘドモ伝記ノ異説今ニハジメラルコトニ非《アラ》ズ」（第七冊）と述べ、中将姫の諸説がさまざまに流布していることにふれている。これらの絵伝は、『行状記』に先行するそうした江戸時代初めの中将姫説話の諸説の一端を伝えるものとして捉えられよう。

中将姫の千年忌

多くの寺院同様、青蓮寺もまた荒廃と再興の歴史を繰り返し今日に至るが、孝春の代に行われた再興は、本堂をはじめ荒れた境内を整える大規模なものだった。宝暦十三年（一七六三）という年に江戸の西蓮寺の住職だった円叔によって「当麻曼荼羅」が安置されたこと、再興施主として長井家の娘が絵伝を納めたこと、こうした動きは孝春をはじめ歴代の住職の尽力が縁者を導いた結果と言えよう。こうした縁者が住職と共に寺を支えてきたのである。もちろん、彼らの強い願いや想いのもとには、数奇な運命に見舞われながらも、信心を見失うことなく祈りつづけた中将姫の存在があった。中将姫が開基した寺であることへの誇りと親しみ、そして畏敬の念により、この地は大切に守りつづけられてきたのである。

青蓮寺は宝暦十四年の開帳に際し「当寺開基中将姫九百五拾年相当」と伝えるが、実にこの年は天平宝字七年（七六三）の曼荼羅織成からおよそ千年目の年にあたる。こうした節目において、大規模な開帳が行われることは、青蓮寺に限ったことではない。神戸女子大学古典芸能研究センター志水文庫のコレクションに、安永三年（一七七四）に制作された当麻曼荼羅がある。この曼荼羅は中将姫の千年忌に際し、江戸の深川にあった法禅寺（浄土宗）で制作されたもので、曼荼羅

図103　志水文庫蔵「当麻曼荼羅」

の最下部に由緒書が添えられている。曼荼羅下部の九品往生《くほんおうじょう》▲が説かれる箇所の中央には縁起文（織付《おりつけ》縁起）が添えられるのが通例だが、当曼荼羅には縁起文はなく、その箇所に墨染衣をまとった中将姫（法如尼）の姿が描かれている（図103）。縁起文の箇所に中将姫が描き込まれていることは、まさに当時、中将姫という一人の女性が、曼荼羅と同等に、時にそれをも超えた聖性を獲得し、多くの人々を魅了する中将姫信仰ともいうべき信仰のかたちを生み出していたことを如実に示していよう。

　宝暦十三年に青蓮寺に納められた当麻曼荼羅と青蓮寺本は、宝暦十四年以降の開帳でも重要な寺宝として多くの人々を引き寄せたに違いない。そこでは、絵巻には記されていない語りが受け継がれ、また創出されていったのである。

九品往生　『観無量寿経』に基づく。極楽浄土に往生したいと願う人の性質や行いによって、九段階（九品）の往生の仕方があることをいう。

おわりに

北出家一族の願いによって制作された掛幅絵の背面に残された数多くの結縁者の名前、そして、長井家の娘が六歳の尼僧のために祈り、奉納した絵伝など、信仰遺産の数々からは、浄土を憧憬し、中将姫に心を寄せる人々の並々ならぬ想いが感じとれる。なかでも、前者の制作背景に袋中の存在があったことは興味深い。浄土宗の僧である袋中は十七世紀以降の浄土教絵画とそれに関わる言説に大きな影響を与えている。当麻曼荼羅と中将姫についても、信仰心を喚起していく集団がさまざまに形成され、またその存在が求められていた。

また、中将姫をめぐる伝承地の一例としてひばり山に目を向け、三つのひばり山について見てきた。それぞれの土地で、中将姫とのつながりが大切に語り継がれてきたことがわかる。寺史をひもとけば、中将姫が貴賤男女問わず多くの信仰を集めてきたことがうかがえ、また、旧家の伝承からは、中将姫がいかに人々に寄り添う身近な存在として語り継がれてきたかがうかがえる。中将姫ゆかりの地はそれぞれに語り継がれ、今なお信仰を集めている。

時に物語は変容しながらも、千年以上の時を経て存在する当麻曼荼羅とその由来を伝える中将姫の奇跡は、往生を願う多くの人々によって求められ、語り継がれてきた。中将姫に心を寄せ、往生を遂げていった人々の目には、当麻曼荼羅に描かれた浄土の世界が見えたに違いない。語り継ぐ信仰の力こそが、時空を翔ける中将姫に今なお新たな輝きを与えつづけている。

あとがき

本書は、中将姫に心を寄せ、浄土へ想いを馳せる人々がどのように暮らし、どのように願い、いかに祈ったか、その実像を求めて探索する筆者の歩みをまとめたものである。図版を多く用いたのは、実像に迫ろうとすればするほど、知られていない新たな史料にばかりに出会うこととなり、学術論文では挙げきれない、そうした史料を一つでも多く紹介したいと思ったためである。

所蔵者のご理解とお許しをいただき掲載した史料は、いわゆる歴史的価値や美術的価値という視点では十分に評価されないものも含まれている。ただこうした地方寺院や近隣の個人が所蔵する史料の多くは、当時の人々の日常的な暮らしの中でその対象がどのように語り継がれていたかを生々しく伝えている。当時の人々が暮らしの中で物語をいかに求め、伝えていたかを探るには、このうえなく貴重な研究史料であることは言うまでもない。歴史的価値や美術的価値といった基準とは別のモノサシで測らなければ見えない価値がそこにはある。

近年、本書で挙げたような貴重な歴史遺産・文化資源が、その価値を十分に認識されていなかった結果、寺や本来の所蔵者である個人の手から離れ、売買の対象となったり、処分されることが珍しくなくなってきている。何とか見つかったものの汚損、水損、虫損により内容が確認できなくなってしまったり、一部が切り取られてしまったものもある。歩けば歩くほど検討されることのないまま風化していく史料が数えきれないほどあることに気づかされる。

歩みの中で出会う人や史料が次への一歩につながる。一緒に史料を探し訪ねて下さった方や、その後も近況を伝え合うべく連絡を下さる方、本書はそうした地域の方々の温かな励ましに支えられてまとめたものである。特に本書をまとめるにあたって青蓮寺御住職堀切康洋師、奈良県五條市の仲山貴子氏をはじめ御家族御親族の皆様、三重県松阪市の竹林文平氏には多大な御協力をいただいた。延誉孝寿比丘尼の御像は竹林氏の御尽力あって発見につながったものである。記して御礼申し上げたい。

大和と紀伊の境を歩き、その後、学生の頃に訪ねた青蓮寺を再訪し、やがて通うことになったのは、大橋直義氏が中心となって進める紀州地域学共同研究会への参加がきっかけだった。本書も国文学研究資料館の歴史的典籍NW事業の一環である公募型共同研究「紀州地域に存する古典籍およびその関連資料・文化資源の基礎的研究」（研究代表者：大橋直義）の研究成果の一部である。このような機会を与えてくださった大橋直義氏、国文学研究資料館の皆様、特に、遅筆ゆえたびたび温かな励ましをくださった木越俊介氏（同館）、保科孝夫氏（もと平凡社）に心より感謝申し上げたい。また貴重な史料の閲覧・撮影・掲載の御許可を下さった諸寺院、機関、個人の皆様の御高配に心より御礼申し上げる次第である。本書にまとめた研究を遂行するにあたっては、日本私立学校振興・共済事業団若手・女性研究者奨励金およびJSPS科研費JP19K00301の助成を受けている。重ねて感謝申し上げたい。

「大和紀の国の境なる雲雀山」は、まだまだわからないことばかりである。本書をまとめながらいっそう謎が深まった。また一歩、歩き出したいと思う。

二〇一九年九月

大和と紀伊の山間での出会いに感謝しながら

日沖敦子

本書は、次に挙げる論考を基に適宜加筆し、書き下ろしたものである。その後の調べに基づき、修正を加えた箇所もある。なお、文献および史料の引用に際しては、読みやすさを優先し、適宜表記を改め、句読点などを施している。さらに本書「三　中将姫を慕う人々」で取り上げた五條市の仲山家の史料については、原文の紹介を予定している。

日沖敦子『当麻曼荼羅と中将姫』勉誠出版、二〇一二年
同「洛中における袋中の活動と民衆——異相智光曼荼羅を中心に」『仏教文学』三八号、二〇一三年
同「袋中と民衆の信心——西寿寺蔵「当麻寺供養図」軸木内蔵品を端緒として」『アジア遊学　中世寺社の空間・テクスト・技芸』一七四号、二〇一四年
同「念仏院の髪繡六字名号——江戸時代の中将姫信仰」『宗教民俗研究』二九号、二〇一八年
同「中将姫の九百五拾年忌——青蓮寺蔵『中将姫御画伝』の紹介を兼ねて」『伝承文学研究』六八号、二〇一九年
同「『日張山青蓮寺縁起』の制作とその背景」『日本宗教文化史研究』二三巻二号、二〇一九年

主要参考文献

阿部泰郎「俤びとを求めて——当麻曼荼羅と『死者の書』の図像学的覚書」『国文学　解釈と教材の研究』四二巻一号、一九九七年
阿部泰郎『湯屋の皇后——中世の性と聖なるもの』、名古屋大学出版会、一九九八年
有田市郷土資料館編『小説「有田川」の世界』、有田市教育委員会、二〇一六年
伊藤宏之「（念仏院）登載調書」『台東区の文化財』第九集、台東区教育委員会、二〇一九年
菟田野町史編集委員会編『菟田野町史』、菟田野町、一九六八年
内田啓一『浄土の美術』、東京美術、二〇〇九年
河原由雄「「当麻曼荼羅縁起」の成立とその周辺」『当麻曼荼羅縁起　稚児観音縁起』、日本絵巻大成二四、中央公論社、一九七九年
河原由雄「南都絵所のゆくえ」『奈良県史　第十五巻（美術工芸）』、名著出版、一九八六年
元興寺文化財研究所編『中将姫説話の調査研究報告書』、同所、一九八三年
元興寺文化財研究所編『日本浄土曼荼羅の研究』、中央公論美術出版、一九八七年

恋田知子『仏と女の室町』、笠間書院、二〇〇八年
神戸女子大学古典芸能研究センター編『仏教版画の群像——如来・菩薩・羅漢（目録）』、同センター、二〇一八年
小林健二「「小敦盛」絵巻の変容——願得寺実悟の関与をめぐって」『国語と国文学』九四巻七号、二〇一七年
五来重「当麻寺縁起と中将姫説話」『文学』四五巻一二号、一九七七年（同『五来重著作集四　寺社縁起と伝承文化』法蔵館、二〇〇八年再録）
信ヶ原雅文・石川登志雄『檀王法林寺　袋中上人——琉球と京都の架け橋』、淡交社、二〇一一年
杉野愛「当麻寺本「当麻曼荼羅縁起絵」二幅の画面構成——当麻をめぐる信仰と本尊「当麻曼荼羅」」『美術史』一五八号、二〇〇五年
関山和夫『説経の歴史的研究』、法蔵館、一九七三年
瀬谷愛「当麻寺本当麻曼荼羅縁起絵にみる掛幅縁起絵の構造と場」加須屋誠編『仏教美術論集4　図像解釈学』、竹林舎、二〇一三年
当麻町史編集委員会編『当麻町史』、当麻町教育委員会、一九七六年
田中治「恋し野の里　中将姫説話」『橋本市郷土資料館報』一二号、一九八六年
田中貴子『聖なる女——斎宮・女神・中将姫』、人文書院、一九九六年（同『日本〈聖女〉論序説』、講談社学術文庫、二〇一〇年再録）
田中美絵「説経浄瑠璃『中将姫御本地』の成立」『伝承文学研究』五一号、二〇〇一年
田中美絵「中将姫説話の近世——勧化本『中将姫行状記』を軸に」『伝承文学研究』五三号、二〇〇四年
田中美絵「当麻寺縁起と中将姫の本地——和歌山県有田市の伝承をめぐって」徳田和夫編『中世の寺社縁起と参詣』、竹林舎、二〇一三年
田中美絵「青蓮寺蔵「本尊中将法如於松坂為拝日記幷霊寶畧縁記極畧記又者出願次第道中倒」」『伝承文学研究』六八号、二〇一九年
中将姫旧跡保存委員会編『中将姫ゆかりの地「恋し野の里」への招待』、私家版、刊行年未詳
堤邦彦「浄土宗と現世利益」『江戸の高僧伝説』、三弥井書店、二〇〇八年
寺西貞弘「有田市得生寺所蔵「中将法如御一代画伝」について」『和歌山地方史研究』六九号、二〇一五年

徳田和夫「享禄本『当麻寺縁起』絵巻と「中将姫の本地」」『お伽草子研究』、三弥井書店、一九八八年
徳田和夫「紹介『当麻寺中将姫勧化辨述鈔』（内題）——付・翻刻」『絵解き研究』一六号、二〇〇二年
鳥居フミ子「中将姫説話の近世演劇化——土佐浄瑠璃「中将姫」を中心にして」『日本文学』六七号、一九八七年
奈良国立博物館『社寺縁起絵』、角川書店、一九七五年
奈良国立博物館『中将姫絵伝』、同館、一九七九年
奈良国立博物館『浄土曼荼羅』、同館、一九八三年
奈良国立博物館『當麻寺』、同館、二〇一三年
奈良国立博物館『糸のみほとけ』、同館、二〇一八年
奈良市史編集審議会編『奈良市史 美術編』、奈良市、一九七二年
西海賢二『江戸の漂泊聖たち』、吉川弘文館、二〇〇七年
原田禹雄訳注『琉球神道記・袋中上人絵詞伝』、榕樹書院、二〇〇一年
林雅彦「蓬左文庫蔵『開帳談話』——影印と解説」『明治大学教養論集』一七九号、一九七一年（同『穢土を厭ひて浄土へ参らむ』、名著出版、一九九五年再録）
久野俊彦「翻刻・蓬左文庫蔵『開帳談話』」『藝能史研究』九〇号、一九八五年
宮崎圓遵『宮崎圓遵著作集 第五巻 真宗史の研究 下』、思文閣出版、一九八九年
宮崎圓遵「中将姫説話の成立」『日本史の研究』、ミネルヴァ書房、一九七〇年（同『宮崎圓遵著作集 第七巻 仏教文化史の研究』、思文閣出版、一九九〇年再録）
毛利久『大和古寺大観』第二巻、岩波書店、一九七八年
八代市立博物館未来の森ミュージアム『極楽浄土の世界』、同ミュージアム、二〇〇一年
吉井敏幸「中世寺院における近世寺院化の一形態——大和国当麻寺の場合」『中世寺院史の研究 下』、寺院史論叢一、法藏館、一九八八年
横山邦治『読本の研究——江戸と上方と』風間書房、一九七四年
横山重編『琉球神道記——弁蓮社（袋中集）』、角川書店、一九七〇年
龍谷大学大宮図書館編『龍谷大学図書館蔵禿氏文庫善本解題・分類目録』、龍谷大学、二〇一二年
龍谷大学龍谷ミュージアム編『極楽へのいざない』、同ミュージアム、二〇一三年
和歌山県立博物館編『有田川下流域の仏像』、同館、一九九七年

図85　青蓮寺蔵「中将姫真影」箱書　筆者撮影
図86　青蓮寺蔵『和州宇多郡日張山青蓮尼寺中将姫真影之記』　筆者撮影
図87　谷中善光寺（『江戸名所記』）　江戸叢書刊行会編『江戸叢書』第12巻（江戸叢書刊行会、1917年）より転載
図88　青蓮寺蔵『一条大政所冬基公御名号弐万行』　筆者撮影
図89　青蓮寺蔵「大黒屋六右衛門寄進夫婦像」　筆者撮影
図90　青蓮寺蔵「禅尼坐像」とその背面　筆者撮影
図91　青蓮寺蔵『奉加帳』　筆者撮影
図92　誕生寺蔵「中将姫現身往生画図」　筆者撮影
図93　徳融寺蔵「当麻曼荼羅」　筆者撮影
図94　徳融寺　筆者撮影
図95　豊成公廟石・中将姫石塔（徳融寺境内）　筆者撮影
図96　青蓮寺蔵『中将姫御画伝』箱書　筆者撮影
図97　延誉孝寿尼の墓碑（青蓮寺境内）　筆者撮影
図98　極楽寺の位置　作図
図99　極楽寺蔵「延誉孝寿尼位牌」　筆者撮影
図100　極楽寺蔵「延誉孝寿尼立像」　筆者撮影
図101　青蓮寺蔵「青蓮寺」の扁額と書（順真書）　筆者撮影
図102　青蓮寺蔵「孝春尼肖像」　筆者撮影
図103　神戸女子大学古典芸能研究センター志水文庫蔵「当麻曼荼羅」　神戸女子大学古典芸能研究センター提供

図51　得生寺蔵「得生・妙生夫婦坐像」『極楽へのいざない』（龍谷大学龍谷ミュージアム、2013年）より転載

図52　得生寺蔵「妙生像」の像底部墨書銘　筆者撮影

図53　念仏院蔵「髪繡六字名号」　筆者撮影

図54　念仏院の練供養（『東都歳時記』）　長谷章久復刻版監修『日本名所図会全集』（名著普及会、1975年）より転載

図55　練供養の場面（享禄本）『當麻寺』（奈良国立博物館、2013年）より転載

図56　当麻寺蔵『当麻寺縁起』（当麻寺本）『當麻寺』（奈良国立博物館、2013年）より転載

図57　引札「中将湯」　架蔵、筆者撮影

図58　街道沿いの看板　筆者撮影

図59　雲雀山ふもとにある得生寺の練供養　筆者撮影

図60　得生寺と雲雀山の中将姫旧跡・伝承地群　現地の案内板を参考に作図

図61・62　伊藤ヶ嶽と御本廟および経の窟　筆者撮影

図63　『雲雀山中将法如縁起』　中野猛編『略縁起集成』第５巻（勉誠出版、2000年）より転載

図64～67　得生寺蔵『中将法如御一代画伝』　筆者撮影

図68　青蓮寺　筆者撮影

図69～73　青蓮寺蔵『日張山青蓮寺縁起』および鑑定書　筆者撮影

図74・75　青蓮寺蔵『中将姫御画伝』　筆者撮影

図76　青蓮寺境内の嘉藤太の墓と伝わる五輪塔と名号碑、無常橋　筆者撮影

図77　青蓮寺蔵『日張山賦』　筆者撮影

図78　青蓮寺蔵「当麻曼荼羅」『當麻寺』（奈良国立博物館、2013年）より転載

図79　青蓮寺蔵「当麻曼荼羅」裏書（部分）　奈良国立博物館（撮影：佐々木香輔）提供

図80　青蓮寺蔵「中将姫像」　筆者撮影

図81　青蓮寺蔵「松井嘉藤太夫婦像」　筆者撮影

図82　青蓮寺蔵『称讃浄土経』　筆者撮影

図83　青蓮寺蔵「種子三尊曼荼羅」　筆者撮影

図84　青蓮寺蔵「中将姫真影」　筆者撮影

図20　檀王法林寺蔵「袋中上人図」　檀王法林寺提供

図21　西寿寺蔵「開山上人回国法度書」および裏書　筆者撮影

図22　西寿寺蔵『南北二京霊地集』奥書　筆者撮影

図23　光触寺蔵『頬焼阿弥陀縁起』　光触寺提供

図24　西尾市岩瀬文庫蔵『西行物語』　西尾市岩瀬文庫提供

図25　金戒光明寺蔵「山越阿弥陀図」　内田啓一監修『浄土の美術』（東京美術、2009年）より転載

図26　『京都新聞』2013年4月9日夕刊1面　京都新聞社提供

図27　西寿寺蔵「袋中自筆の願文」および「袋中自筆の名号」　筆者撮影

図28　檀王法林寺蔵「奉加帳」　筆者撮影

図29　檀王法林寺蔵「袋中の刷り名号」　筆者撮影

図30〜32　袋中菴蔵『袋中上人絵詞伝』　原田禹雄訳注『袋中菴蔵 袋中上人絵詞伝』（榕樹書林、2001年）より転載

図33　『和州奈良之図』　奈良県立図書情報館提供

図34　絵屋橋　筆者撮影

図35　有田の雲雀山　筆者撮影

図36　宇陀の日張山　架蔵のモノクロ絵葉書（青蓮寺刊、刊年不明）より転載

図37　勘定仕宅跡碑　筆者撮影

図38　仲山家蔵「観音像」　筆者撮影

図39　恋野の雲雀山の碑　筆者撮影

図40　恋野の中将姫旧跡・伝承地群　作図

図41　上山家蔵『勘定仕由来記』　中将姫旧跡保存委員会編『中将姫ゆかりの地「恋し野の里」への招待』（私家版）より転載

図42〜46　いとのかけ橋・運び堂・中将倉の石碑とその絶壁にある岩窟・去年川・餓え坂　筆者撮影

図47　棚本家蔵「中将姫真影」　中将姫旧跡保存委員会編『中将姫ゆかりの地「恋し野の里」への招待』（私家版）より転載

図48　大阪市立美術館蔵「中将姫真影」　大阪市立美術館提供

図49　当麻寺中之坊蔵「中将姫真影」　『當麻寺』（奈良国立博物館、2013年）より転載

図50　青蓮寺蔵「中将姫山居語」の版木　筆者撮影

掲載図版一覧

カバー図版

青蓮寺蔵『中将姫御画伝』第2幅（石を集めて印とし武士を弔う場面） 筆者撮影

青蓮寺蔵「中将姫真影」 筆者撮影

青蓮寺蔵「廿五條袈裟箱」と「袈裟」 筆者撮影

図1 当麻寺蔵「当麻曼荼羅」（貞享本） 『當麻寺』（奈良国立博物館、2013年）より転載

図2 当麻曼荼羅構成図 内田啓一監修『浄土の美術』（東京美術、2009年）掲載図を転載

図3 当麻寺境内 筆者撮影

図4 慶安4年（1651）刊『中将姫の本地』 国文学研究資料館蔵『中将姫本地』（新日本古典籍総合データベース）

図5 鎌倉光明寺蔵『当麻曼荼羅縁起』『當麻寺』（奈良国立博物館、2013年）より転載

図6・7 龍谷大学龍谷ミュージアム蔵「当麻曼荼羅」『極楽へのいざない』（龍谷大学龍谷ミュージアム、2013年）より転載

図8 多久市郷土資料館蔵『中将姫』 筆者撮影

図9 龍谷大学大宮図書館禿氏文庫蔵『当麻曼陀羅縁起』 龍谷大学大宮図書館提供

図10 浄瑠璃『鶊山姫捨松』 早稲田大学演劇博物館蔵、高田衛・原道生編『豊竹座浄瑠璃集2』（国書刊行会、1990年）より転載

図11 名古屋市蓬左文庫蔵『開帳談話』 林雅彦「蓬左文庫蔵「開帳談話」——影印と解説」（『明治大学教養論集』179号、1985年）より転載

成田山霊光館蔵「見世物小屋チラシ」 成田山霊光館提供

図12 青本『中将ひめ』 東北大学附属図書館狩野文庫蔵、狩野文庫マイクロ版集成（丸善）

図13・18・19 檀王法林寺蔵「中将姫臨終感得来迎図」および裏書 奈良市教育委員会（撮影：石田淳）提供

図14 当麻寺境内図 『大和古寺大観』第2巻（岩波書店、1978年）を参考に一部加筆し作図

図15 当麻寺練供養 筆者撮影

図16・17 西寿寺蔵「当麻寺供養図」および裏書 筆者撮影

日沖敦子（ひおきあつこ）
1978年、愛知県生まれ。名古屋市立大学大学院人間文化研究科博士後期課程修了。博士（人間文化）。現在、文教大学文学部専任講師。主に16〜18世紀に制作された絵巻、掛幅絵と関連する説話・物語に関心を持っている。著書に、『毛髪で縫った曼荼羅』（新典社、2010年）、『当麻曼荼羅と中将姫』（勉誠出版、2012年）がある。

ブックレット〈書物をひらく〉22
時空を翔ける中将姫——説話の近世的変容
2020年3月19日　初版第1刷発行

著者　日沖敦子
発行者　下中美都
発行所　株式会社平凡社
〒101-0051　東京都千代田区神田神保町3-29
電話　03-3230-6580（編集）
03-3230-6573（営業）
振替　00180-0-29639
装丁　中山銀士
DTP　中山デザイン事務所（金子暁仁）
印刷　株式会社東京印書館
製本　大口製本印刷株式会社

ISBN978-4-582-36462-0
NDC分類番号184.9　A5判（21.0cm）　総ページ128

平凡社ホームページ　https://www.heibonsha.co.jp/

発刊の辞

これまで、限られた対象にしか開かれていなかった古典籍を、撮影して画像データベースを構築し、インターネット上で公開する。そして、古典籍を研究資源として活用したあらたな研究を国内外の研究者と共同で行い、新しい知見を発信する。これが、国文学研究資料館が平成二十六年より取り組んでいる、「日本語の歴史的典籍の国際共同研究ネットワーク構築計画」(歴史的典籍NW事業)である。そしてこの歴史的典籍NW事業の多くのプロジェクトから、日々、さまざまな研究成果が生まれている。

このブックレットは、そうした研究成果を発信する。「書物をひらく」というシリーズ名には、本を開いて過去の知をあらたに求める、という意味と、書物によるあらたな研究が拓かれてゆくという二つの意味をこめている。開かれた書物が、新しい問題を提起し、新しい思索をひらいてゆくことを願う。

書物は、開かれるのを待っている。書物とは過去知の宝蔵である。古い書物は、現代に生きる読者が、その宝蔵を押し開いて、あらためてその宝を発見し、取り出し、活用するのを待っている。過去の知であるだけではなく、いまを生きるものの知恵として開かれることを待っているのである。

そのための手引きをひろく読者に届けたい。手引きをしてくれるのは、古い書物を研究する人々である。

これまで、近代以前の書物——古典籍を研究に活用してきたのは、文学・歴史学など、人文系の限られた分野にほぼ限定されていた。くずし字で書かれた古典籍を読める人材や、古典籍を求め、扱う上で必要な情報が、人文系に偏っていたからである。しかし急激に進んだＩＴ化により、研究をめぐる状況も一変した。現物に触れずとも、画像をインターネット上で見て、そこから情報を得ることができるようになった。

ブックレット
〈書物をひらく〉

1 死を想え『九相詩』と『一休骸骨』 今西祐一郎
2 漢字・カタカナ・ひらがな 表記の思想 入口敦志
3 漱石の読みかた『明暗』と漢籍 野網摩利子
4 和歌のアルバム 藤原俊成 詠む・編む・変える 小山順子
5 異界へいざなう女 絵巻・奈良絵本をひもとく 恋田知子
6 江戸の博物学 島津重豪と南西諸島の本草学 高津 孝
7 和算への誘い 数学を楽しんだ江戸時代 上野健爾
8 園芸の達人 本草学者・岩崎灌園 平野 恵
9 南方熊楠と説話学 杉山和也
10 聖なる珠の物語 空海・聖地・如意宝珠 藤巻和宏
11 天皇陵と近代 地域の中の大友皇子伝説 宮間純一
12 熊野と神楽 聖地の根源的力を求めて 鈴木正崇
13 神代文字の思想 ホツマ文献を読み解く 吉田 唯

14 海を渡った日本書籍 ヨーロッパへ、そして幕末・明治のロンドンで ピーター・コーニツキー
15 伊勢物語 流転と変転 鉄心斎文庫本が語るもの 山本登朗
16 百人一首に絵はあったか 定家が目指した秀歌撰 寺島恒世
17 歌枕の聖地 和歌の浦と玉津島 山本啓介
18 オーロラの日本史 古典籍・古文書にみる記録 岩橋清美 片岡龍峰
19 御簾の下からこぼれ出る装束 王朝物語絵と女性の空間 赤澤真理
20 源氏物語といけばな 源氏流いけばなの軌跡 岩坪 健
21 江戸水没 寛政改革の水害対策 渡辺浩一
22 時空を翔ける中将姫 説話の近世的変容 日沖敦子
23『無門関』の出世双六 帰化した禅の聖典 ディディエ・ダヴァン